# 生活保護vs子どもの貧困

大山典宏
*Oyama Norihiro*

PHP新書

# はじめに

この本は、生活保護と子どもの貧困をテーマにしています。

私が生活保護を扱う仕事、福祉の仕事に就いてから十五年ほどになります。福祉事務所の生活保護のケースワーカーを皮切りに、児童相談所では児童福祉司として虐待対応の最前線に立ち、虐待された子どもたちを保護する一時保護所（シェルター）では、子どもたちと寝食をともにしました。最近の数年間は、県本庁の生活保護担当として福祉事務所の指導や利用者の自立支援の仕事に携わってきました。

一方で、インターネット上で生活困窮者の相談に乗る「生活保護一一〇番」を運営し、ボランティアで数千件の相談に対応してきました。相談に対応するのは、ケースワーカーの経験者たち。多くは仕事をもち、その合間をぬって相談に応じています。

行政の立場と、民間でのボランティア活動。双方の立場で活動しながら発言を続ける人間は、そう多くありません。物珍しさもあるのでしょう、たくさんの方が生活保護の実態を知りたいと私のところを訪ねてくださいました。

新しい方にお会いするたびに、この人はどんなところに興味があるのだろう、何を伝えれば、「聞いてよかった」と満足してもらえるだろうと考えながら、試行錯誤を続けてきました。講演など、多くの人を対象にするのも加えれば、お話しした方は数千人になるでしょうか。

お話のあと、自分の話に満足していただけたかどうかは気になるものです。福祉の仕事は人に会って相談を受けるのが基本ですから、その人が満足できる時間を過ごせたかどうかを知るためのトレーニングは受けています。知らず知らずのうちに、相手の表情やしぐさを注意深く観察する癖《くせ》ができてしまいました。

個別のインタビューの場合に対価をいただくことはありませんから、面と向かって、今日の話は面白くなかった、無駄足を踏んだとおっしゃる方はいません。しかし、ちょっと期待はずれだったなという雰囲気は態度をよく見ていればわかるものです。お互いに挨拶をして別れたあとに、何がいけなかったのだろうと落ち込むこともたびたびありました。

一方で、私の話を心から喜んでくださる方も、何人もいらっしゃいました。最初は眉毛をハの字にして腕組みをしていた人が、徐々に表情が柔らかくなり、「そういうことだったのか」とうなずいてくださるのは、語り手として嬉しいものです。また、「単純にいえば、こういうことでしょ」と取材にいらした方が、お話をしていくうちに腕組みをして、「そう簡単な問題でもないんですね」とつぶやくこともありました。話してよかったと思う瞬間です。

こうしたやりとりを続けていくうちに、満足げな表情をなさる方には共通点があることに気づきました。

元気になりました。

そう、いってくださるのです。

「明日からの仕事を頑張ろうという気になりました。世の中、捨てたもんじゃないですね」

「やれることは、まだまだありますね」。そういって、ときには握手を求めてくださることもありました。

私が生活保護の仕事を始めた十五年前に比べると、生活保護利用者の数は倍になり、新聞を開くと「生活保護」の四文字を見ない日はないほど身近なものになりました。しかし、残念ながら記事の多くは、読むと気が重くなり、これから先どうなるのだろうと不安をあおるものです。

この本では、生活保護の問題に正面から向き合い、抱える課題の深刻さや現状の厳しさを伝えていきます。事例では、はらわたが煮えくり返るような不条理や、まともな神経をもった人なら目を背《そむ》けたくなるような残酷《ざんこく》なケースも取り上げます。そうした現状も、生活保護のほんとうの姿です。

それでも、読後感は爽《さわ》やかなものになるような「しかけ」を随所《ずいしょ》に盛り込んでいます。『生活保護vs子どもの貧困』というタイトルもその一つです。いままでは敬遠していたけれど、じつは生活保護のことは気になっていたという方には、きっとご満足いただけると思います。

# 生活保護vs子どもの貧困　目次

はじめに　3

## 第1章　生活保護をめぐる二つの立場



## 第2章　増えたのは派遣村のせい？

## 第3章　生活保護バッシングと法改正

## 第4章　各論対決「適正化モデルvs人権モデル」

## 第5章 生活保護ではなく貧困の話をしよう



## 第6章 「子どもの貧困」から制度を読み解く

## 第7章 困窮する子どもたちへの支援

## 第8章　「日本を支える人」を増やすために

# 第1章

# 生活保護をめぐる二つの立場

## 「生活保護費でギャンブル禁止条例」

二〇一三年三月、兵庫県のある小さな市で新しい条例が成立しました。名づけて「生活保護費でギャンブル禁止条例」「生活保護通報条例」。条例は提案時から賛否両論、全国的な注目を浴びました。

生活保護をめぐる問題を理解するとき、まず押さえておきたい二つの立場があります。ギャンブル禁止条例は、二つの立場を理解するためには格好の教材でしょう。

提案された内容は、生活保護受給者がギャンブルをしないように市民全体で見守りましょうというものです。

あなたはこの考えに、賛成ですか。それとも、反対ですか。

「知り合いに『ちょっと困っているんや』と言われて三万円貸したとしますよね。二時間後にその人がパチンコ店から出て来るのを見たら、どう思います？　『それはないだろう』と言うんちゃいますか」

条例案の狙いについて尋ねると、蓬莱（ほうらい）務市長（六六）はこう話し始めた。

生活保護費は、国が四分の三を、市区町村が四分の一を負担する。今回の条例案からすると、小野市もさぞ、受給者数や不正受給の増加に頭を痛めているかと思いきや、そうではないと蓬萊氏は言う。

「生活保護の受給率は、全国平均が一・六七％ですが、小野市は〇・二九％。県内では四一市町で二番目の低さです。不正受給だって決して多いとは思っていません。市の財政も健全で、基金残高は過去最高レベルの約八五億円です。生活保護費を削ることが条例の目的とは違うんです」

蓬萊氏の発想の根底にあるのは、自立や生活維持のための生活保護費をパチンコやギャンブルにつぎ込むのは、税金の「目的外使用」という信念だ。さらにその背後には、ギャンブルは簡単に生計の基盤を脅かすとの認識がある。

「私もかつていろんなギャンブルをやって大負けした経験があるから、ギャンブルの恐ろしさがわかるんです。身近なパチンコだって、今はすぐに二万円も五万円もすってしまう。パチンコを『娯楽』と言って生存権にからめて語るのは、現実を知らない議論です。ギャンブルにお金をつぎ込む人は依存症だから情報提供に意味はない、と言う人もいますが、依存症だと思ったら一緒に病院に行ってあげたらいいんですよ。受給者は医療費が無料なんですから」

（『ＡＥＲＡ』二〇一三年三月二十五日号）

条例の正式名称は「小野市福祉給付制度適正化条例」。

条例で禁止されたのは、「給付金の不正な受給」と「パチンコ、競輪、競馬その他の遊技、遊興、賭博等に費消し、その後の生活の維持、安定向上を図ることができなくなるような事態を招」くこと。

生活保護や児童扶養手当の利用者にこうした事態にならないよう義務づけるとともに、市は必要な相談、指導、指示などを行う体制の構築を求めています。

ポイントは、市民や地域社会にも責務を定め、不正受給やパチンコなどで保護費を浪費する人を見つけたら、速やかに市に情報提供するよう求めたことです。あわせて、条例では地域の活動のなかで生活に困窮している人を見つけた場合にも、情報提供を求めています。なお、条例には罰則の規定はありません。

条例自体は、二〇一三年三月二十七日の市議会本会議で原案どおりに可決、成立しました。病欠一人を除く市議一五人のうち、反対は共産党の市議一人だけでした。施行は同年四月一日。小野市民の代表である市議会は、条例案を支持したのです。

## 監視社会がやってくる

小野市が提案した条例には、全国から一七〇〇件の意見が寄せられました。小野市によれば、そのうち六割が賛成意見だったといいます（『朝日新聞』二〇一三年三月二十五日）。反対意見が約四割、どのような点で条例が問題と考えたのでしょうか。

兵庫県弁護士会では、条例に反対の立場で声明を出しています。

弁護士会が問題視するのは、大きく分けて三点。生活保護を利用する方の人権への配慮《はいりょ》、監視社会への警鐘《けいしょう》、行政の責任放棄です。詳しく見ていきましょう。

第一の問題は、人権への配慮です。

生活保護などの福祉制度は、憲法第二五条で「すべて国民は、健康で文化的な最低限度の生活を営む権利を有する」と定められています。福祉制度によって給付される金銭は、貧者への恩恵ではなく、すべての人が自立して人間らしい生活を営むための社会的再配分であり、その使いみちは制度の利用者がみずから自律的に決定すべきものです。

また、憲法第一三条では、「すべて国民は、個人として尊重される。生命、自由及び幸福追求に対する国民の権利については、公共の福祉に反しない限り、立法その他の国政の上で、最大の尊重を必要とする」と定められています。

小野市の条例は、憲法でいう幸福追求権と、その一環としてあるプライバシー権を侵害するおそれがあります。

第二の問題は、監視社会を招く可能性があるというものです。

市民や地域社会に、制度利用者の行動を監視する責任を負わせることは、差別や偏見を助長し、利用者の市民生活を萎縮《いしゅく》させることにつながります。そもそも、その人が生活保護を利用しているかどうかを知ることは一般市民には難しいことで、市民が監視対象者を知っているという前提もおかしなことです。

最後の問題は、本来は行政がやるべきことを市民に丸投げしている点です。

条例で禁止しているのは、パチンコなどで浪費することで、パチンコをすること自体を禁止しているわけではありません。どこから浪費とするかを判断するのは、簡単なことではありません。市が責任をもって調査・判断すべきもので、これを市民の監視に委《ゆだ》ねることは行政の責任放棄でしかありません。

小野市の条例には、このほかにも多くの方が反対を表明していますが、弁護士会の指摘と大きな差異はありません。

## 窓口に殺到する苦情の声

皆さんは、両者の主張を聞いて、どんな印象をもたれたでしょうか。難しくてよくわからない、混乱してきたという方もいらっしゃるかもしれません。それぞれの主張を単純化して、それを一つひとつ考えることから始めてみましょう。

まずは小野市の意見から。

ギャンブルに浪費して生活困窮《こんきゅう》に陥ることは、だれもが「おかしい」と思う。

⇩

「当たり前のことを当たり前にいえる環境」を整え、制度への信頼を取り戻す必要がある。

⇩

行政だけでなく、市民や地域全体で見守りをすることで浪費を未然に防ごう。

⇩

そのためには、条例が必要だ。

「市民の血税を何だと思っている」「なぜあんな奴に生活保護を渡すんだ」

生活保護担当には、毎日のように市民からの苦情が入ってきます。話を聞くと、生活保護をもらったその日に酒屋に行き、店の前で大騒ぎ。見かねて声をかけた近所の人に、聞くに堪えない暴言を吐く。捨て台詞《ぜりふ》は、「俺は福祉をもらってんだ！　文句があれば役所にいえ」――あまりに頭にきたので電話したといいます。

生活保護費を受け取った翌日にふたたび窓口に来る人もいます。事情を聞くと、「お金を落としました」。家には一銭もなく、次の支給日まで食べるものもない。もう一度、保護費をください、あるいは来月まで前借りをと訴えます。いつなくしたのに気づいたのか、落としたところに心当たりはないかと聞いていくと、辻褄《つじつま》の合わない話がぼろぼろと出てくる。おかしいなあと思っていると、同僚から「あの人、昨日、パチンコ屋にいたよ」との声。勢いをつけるためかお酒を飲んでから窓口に来る人が多く、職員と口論になることも珍しいことではありません。

利用者のだれもがそうか、についてはひとまず措《お》くとしても、現状を許せないという人は多いでしょう。行政のなかでも、ぼやく声は少なくありません。

しかし、おかしいと声をあげることは、勇気がいります。市民の生活を守る公務員として、どんな人にも公平に接しなければならない。困っている人には手を差し伸べなければならない。そうした建て前に違和感をもちながらも、表面上は「生活保護は困っている方ならどなたでもご利用いただける制度ですから」「法律で決まっているので、個人の感情で生活保護を廃止することはできないんですよ」と説明しなければならない。正直なところ、やっていられません。

小野市の提案は、こうした気持ちをすくい取り、市民の血税を無駄遣いするのは許さないと宣言しました。条例に賛成する意見の大半は、「私も許せないと思っていた」「よくいってくれた」というものです。生活保護制度に限ったことではありませんが、行政サービスは市民からの税金によって支えられています。その制度が市民から必要ないと判断されれば、続けることはできません。制度の利用者も、そのことをわきまえ、貴重な税金をどう使うかをしっかりと考えるべきです。

ただ、利用者のなかには前提を理解せず、無駄遣いをしてしまう人もいます。行政ではいままでも指導を続けてきましたが、少ない人員で限界もあります。地域にいる皆さんの力も借りながら見守りの体制を整え、お互いに注意し合えるような関係をつくっていくことが、これからの社会に求められているのです。情報提供を受けた市も本人への指導を徹底し、無駄遣いをしない生活習慣をつけるための支援をしていきます。

条例の実効性を問う声もありますが、大切なのは、多くの方に生活保護が抱える問題を知ってもらい、どうすればいいのかを考えてもらうことです。小野市の条例はマスコミ各社から大きな注目を浴び、市に寄せられた意見は一七〇〇件を超えました。実際にはその何倍もの人が、条例の提案をきっかけに生活保護のことを改めて考えたことでしょう。条例では、不正受給や浪費だけでなく、生活に困窮する人を発見した場合にも情報提供をするよう定めています。本人に気兼ねして市への通報ができなかった人の背中を押すことで、新たに救える人が出てくるかもしれません。

問題が出てくれば、そのときに変えていけばいい。「やってみなはれ」の精神でチャレンジし、行動に移す。今回の条例は、それを体現したものなのです。

## 子どもたちへの差別や偏見

続いて、兵庫県弁護士会の意見を考えてみましょう。

**生活保護費をどう使うかは自由である。これは憲法で保障された権利だ。**

市民や地域社会に監視させることは差別や偏見を助長し、プライバシーの侵害につながる。
⇩
浪費の防止は行政の責任でやることで、市民にその責任を負わせるのは責任放棄だ。
⇩
よって、条例は必要ない。
⇩

「私たちには、ちょっとした贅沢《ぜいたく》も許されないのでしょうか」

「外に出るたびに、だれかに監視されているんじゃないかと思う。外に出る機会がずいぶん減った。こんな思いをするくらいなら、いっそ死んでしまうほうがいいと思うこともある」

生活保護を受ける人の多くは、自分が生活保護を利用していることがわからないよう、ひっそりと静かに暮らしています。少ない保護費をやりくりして、何かあったときに迷惑がかからないよう、爪に火をともすようにして貯金をしている方も少なくありません。

条例ではギャンブルだけではなく、無駄遣いの範囲を「パチンコ、競輪、競馬その他の遊技、遊興、賭博等」と定めています。たとえば、お金をためて親子でディズニーランドに行くのはどうでしょうか。生活保護を受けているのにディズニーランドに行くなんて贅沢だという人もいるかもしれません。それでは、近所の遊園地はどうでしょう。ゲームセンターはどうでしょう。市の担当者に聞くこと自体が、贅沢なことばかり考えてと思われるのではないかと、身がすくむ思いがします。

とくに心配なのは子どもたちのことです。通常、生活保護を受けているかどうかは、クラスのほかの子にはわからないようになっています。しかし、何かのきっかけでわかってしまうことが、絶対にないとは言いきれません。今回の条例では児童扶養手当の利用者も対象になっています。母子家庭であれば、児童扶養手当を利用している世帯は少なくありません。生活保護を受けているかどうかはわからなくても、母子家庭かどうかは、身近で暮らしていればすぐにわかります。

「お前、手当を受けているのに贅沢してんじゃねえぞ。市役所にいうぞ」

こうした言葉を投げかけられた子どもの心はどれだけ傷つくでしょうか。相手はちょっとしたからかいの気持ちでいったとしても、受け取る側にとっては「いじめ」以外の何物でもありません。直接投げかけられることはなくても、もしかしたら友だちはそう考えているかもしれないという想像は、人を萎縮させます。多感な時期に辛い思いを抱えたままで、健全な人格形成を図ることができるでしょうか。

子どもたちに辛い思いをさせるくらいなら、私が無理をして頑張ればいい。生活保護を利用するのは恥ずかしい。そうやって無理をして仕事をかけもちしても、体を壊せば生活保護を利用するしかなくなります。元気なときなら一時的な利用で済んだのに、体を壊してからでは復帰するまでに膨大な時間がかかります。結果として、生活保護費は増えてしまうのです。

監視を受けるくらいなら死んだほうがましだ。そう考える人が必ず出てきます。だれにもSOSを出すことができずに、孤立死してしまう人が出てきたとき、小野市はどうやって責任をとるのでしょう。こんなはずではなかった、では遅いのです。

無駄遣いが問題だというのなら、まず、行政が率先《そっせん》して生活保護の利用者と向き合い、生活の様子をしっかりと把握して、その人が必要としている支援をすべきです。ギャンブル依存の問題にしても、依存症をつくりだすパチンコそのものに問題があります。個人を責める前に、まず、依存症をつくりだしているパチンコ業界の規制をこそ、考えるべきではないでしょうか。

生活保護をはじめとする福祉制度は、市民の生活を守る最後のセーフティネットです。だれもが安心して利用できる制度にしていかなければなりません。小野市の条例はこれを否定するもので、とても認められるものではありません。

## 適正化モデルと人権モデル

どちらの意見も一理あるなあ、と思うのです。

小野市長がいうように、「それはないだろう」という経験は私にもあります。ふた言めには、それは行政の責任だという風潮にうんざりすることもあります。それでも、公務員という立場があるから、余計なことをいえば人権問題になると自分を抑えてしまう。政治家は人気商売の部分もありますから、もっと葛藤《かっとう》もあったはず。よくいってくれたという気持ちがないといえば嘘になるでしょう。

一方で、兵庫県弁護士会の見解は、さすがは弁護士会と膝を打ちたくなります。日ごろ考えることのない憲法などの法律にふれ、日々の業務に流されて忘れがちな人権感覚を思い出させてくれます。自分の立場に置き換えると「公務員は過度の浪費は厳禁」条例のようなものが施行されて、贅沢をしている様子が通報されるようになったらと考えると、ぞっとします。監視社会はまずいよ、と思うのです。

## 図表1　適正化モデルと人権モデル

| | 適正化モデル | 人権モデル |
|---|---|---|
| 貧困の原因 | 個人 | 社会構造 |
| 目線 | 納税者 | 利用者 |
| 取り上げる事件 | 芸能人の母親の保護受給 | 北九州市孤立死事件 |
| 問題とすること | 濫給（不必要な給付）<br>不正受給、暴力団、怠惰 | 漏給（保護から漏れる）<br>水際作戦、厳しい就労指導 |
| 好きな言葉 | 真に必要な人は保護する<br>国民の理解が得られない<br>財政規律、聖域なき構造改革 | 人の命は何より重い<br>私たちの声を聞いてください<br>それは行政の責任です |
| 強調する点 | 自助、共助<br>（個人や家族の責任を強調） | 公助<br>（政府の責任を強調） |

小野市の条例に限らず、生活保護をめぐる議論は、「賛成」「反対」の真っ二つに分かれることがほとんどです。そして、小野市の条例のように、どちらの意見にも一理あります。まずはこの二つの議論の基本をしっかりと押さえておくことが、生活保護問題を理解する早道なのです。

二つの意見を思考の補助線として使うためには、名前がいります。

私は、それぞれの意見を「適正化モデル」と「人権モデル」と名づけました。それぞれの特徴は、図表1にまとめています。

適正化モデルでは、貧困の原因を個人に求めます。金銭管理ができずにパチンコに浪費してしまう、その結果として貧困に陥ってしまう。経済的に追い詰められているのは、本人のいままでの生活が原因だと考えます。重きを置くのは、納税者の目線に立って、不必要な給付が行われていないか厳しくチェックすること。これを専門用語では、濫給《らんきゅう》といいます。濫《みだ》りに生活保護を使うことは許さないという立場です。

後ほど詳しくふれますが、二〇一二年に芸能人の母親が生活保護を利用した事件が発覚しました。年収数千万円もありながら、母親に生活保護を利用させる。適正化モデルではこのような事件を厳しく追及します。ほかにも、暴力団員による不正受給や、働くことができるのに働かずに生活保護を利用する者に厳しい対応を求めるのも、このモデルの特徴です。

好きな言葉は、真に必要な人は保護する。国民の理解が得られない。財政規律を重視し、聖域なき構造改革の推進のため生活保護についても必要な見直しを行うべきとの立場をとります。また、家族や個人の責任を強調し、家族や地域でお互いに助け合うべきであるという「自助・共助」の推進を目標に掲げます。小野市のスタンスは、典型的な適正化モデルの姿といえるでしょう。

一方の人権モデルでは、貧困の原因は社会にあるとします。非正規雇用の増大や少子高齢化社会のなかで、社会構造の変化が貧困を生み出していると考えるのです。生活保護の利用者、当事者の目線に立った親身な対応や、制度の狭間でこぼれ落ちる人が出ないよう、政府にしっかりとした対応を求めます。これを専門用語では、漏給《ろうきゅう》といいます。困っている人を漏れなく救うべきという立場です。

　これも後ほどふれますが、二〇〇六年に北九州市で相次いで孤立死事件が発生しました。人権モデルでは、ある人は窓口で生活保護の申請を阻《はば》まれ、ある人は厳しい指導に耐えかねて保護を辞退した末の死であるとし、市の対応を激しく糾弾《きゅうだん》しました。ほかにも、福祉事務所窓口での対応（水際作戦）や、厳しすぎる就労指導などについて、利用者の人権を守る立場からさまざまな活動を展開していきます。

　好きな言葉は、人の命は何より重い。私たちの声を聞いてください。政府の責任を強調し、それは行政の責任ですと「公助」の拡充を求めます。小野市に反対する弁護士会のスタンスは、代表的な人権モデルといえるでしょう。

　生活保護に関係する多くの議論は、この二つのモデルのどちらかにあてはまります。とくにこの数年は、適正化モデルと人権モデルが攻守を入れ替えながら、激しい攻防を続けてきました。まずは、その流れを押さえていくことから始めましょう。

# 第2章

# 増えたのは派遣村のせい？

## 急増する生活保護

生活保護制度が始まったのは一九五〇年のことです（図表2）。

戦後の混乱期ということもあり、ほとんどの人は仕事もなく、一から生活を立てなおさなければなりませんでした。戦争で一家の大黒柱を失い、母一人で何人もの子どもを育てる家庭も珍しいことではなかった。ですから、制度発足時の生活保護の利用者数は二〇〇万人を超えていました。

その後、日本経済が安定し、高度成長期の到来に伴って、生活保護を利用する方は減っていきます。

しかし、減少はバブル景気の終焉《しゅうえん》とともに底を打ち、一九九五年から増加に転じました。以後、一貫して増加傾向が続きます。

二〇〇八年のリーマンショックをきっかけに利用者は急速に増加。二〇一二年七月には二一二万四六六九人、一五三万九七七三世帯と、集計が始まった一九五一年度以降で過去最高となり、その後も増えつづけています。

生活保護では、高齢者、母子、傷病・障害者、その他の四つで世帯を分類します。

図表3のとおり、もっとも多い四割以上を高齢者世帯が占め、次いで傷病・障害者世帯（三〇・六パーセント）、母子世帯（七・四パーセント）。かねてより、お年寄りや、病気や障害で働くことができない人、母子家庭で子育てに追われて働くことができないか、仮に働くことができても収入が少ない人が、生活保護利用者の大半を占めています。

しかし近年、高齢でもなく、病気や障害で働けないわけでもなく、母子家庭でもない、その他の世帯に分類される世帯が増えています。働くことができる若い世代の生活保護利用者です。

いわゆるその他の世帯は、二〇〇二年には全体の八・三パーセントにすぎませんでしたが、二〇一二年十一月には一八・五パーセントを占めるようになり、世帯数も四倍以上に増えました。

生活保護開始のおもな理由の構成割合（二〇一一年九月）は、働きによる収入の減少・喪失が二七・八パーセントともっとも多く、次いで傷病によるものが二七・六パーセント、貯金などの減少・喪失が二五・四パーセントとなっています。失業したり、あるいはうつ病などが原因で働くことができなくなり、貯金を食いつぶして生活保護のほかに頼るものがないといったケースです。

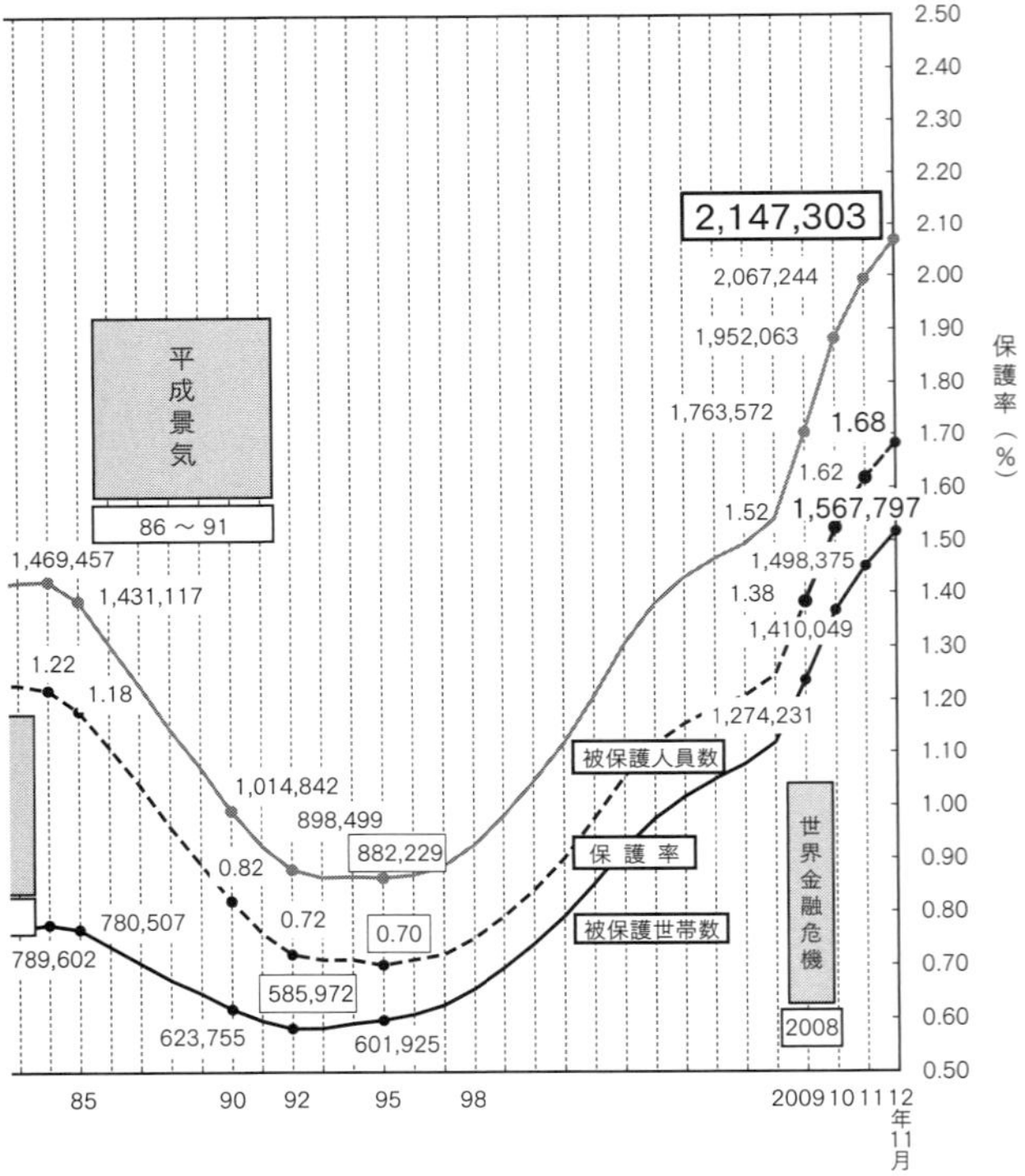

2,147,303
2,067,244
1,952,063
1,763,572
1.68
1.62
1.52
1,567,797
1,498,375
1.38
1,410,049
1,274,231
平成景気
86 ～ 91
1,469,457
1,431,117
1.22
1.18
1,014,842
898,499
882,229
0.82
0.72
0.70
780,507
789,602
585,972
623,755
601,925
被保護人員数
保護率
被保護世帯数
世界金融危機
2008
2.50
2.40
2.30
2.20
2.10
2.00
1.90
1.80
1.70
1.60
1.50
1.40
1.30
1.20
1.10
1.00
0.90
0.80
0.70
0.60
0.50
保護率（%）
85
90
92
95
98
2009
10
11
12年11月

## 図表2　被保護世帯数、被保護人員数、保護率の年次推移

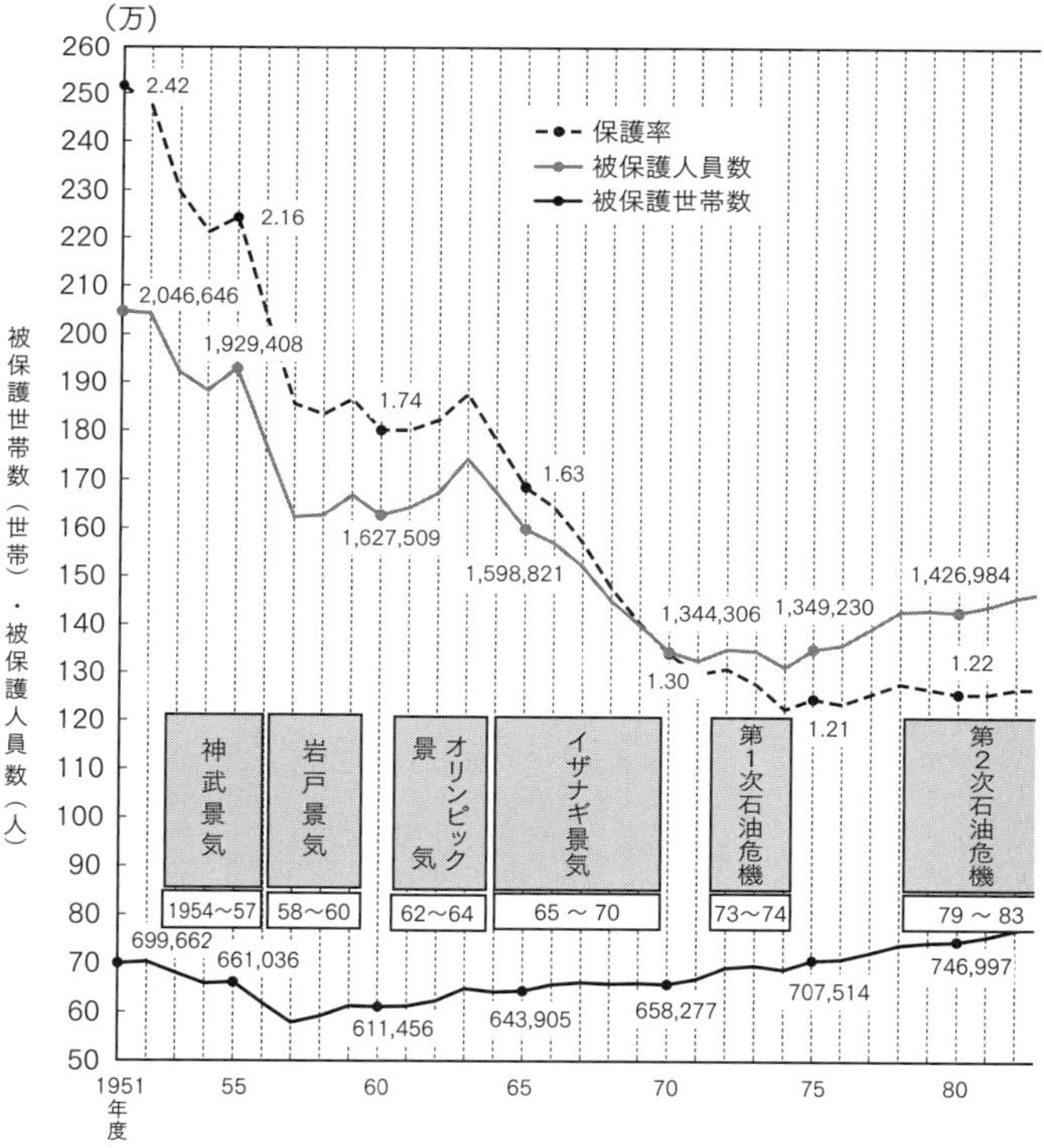


資料：被保護者調査より保護課にて作成
出所：全国厚生労働部局長会議（厚生労働省）2013年

## 図表3　世帯類型別の被保護世帯数と構成割合の推移

◆2002年度

| | 被保護世帯総数 | 高齢者世帯 | 母子世帯 | 傷病・障害者世帯 | その他の世帯 |
|---|---|---|---|---|---|
| 世帯数 | 869,637 | 402,835 | 75,097 | 319,302 | 72,403 |
| 構成割合（%） | 100 | 46.3 | 8.6 | 36.7 | 8.3 |

約4倍増

◆2012年11月（概数）

| | 被保護世帯総数 | 高齢者世帯 | 母子世帯 | 傷病・障害者世帯 | その他の世帯 |
|---|---|---|---|---|---|
| 世帯数 | 1,560,752 | 680,236 | 115,424 | 477,124 | 287,968 |
| 構成割合（%） | 100.0 | 43.6 | 7.4 | 30.6 | 18.5 |

資料：2002年度福祉行政報告例、被保護者調査（厚生労働省）
出所：全国厚生労働部局長会議（厚生労働省）2013年

日々の生活に不安を抱える人が、日本全体に広がっているのです。

### 女性のみ世帯の半数はワーキングプア

生活保護利用者の増加に加えて、ワーキングプアと呼ばれる年収二〇〇万円以下の層や非正規労働者など、生活保護に至るリスクがある人たちも増えています。

国税庁の民間給与実態統計調査によると、年収二〇〇万円以下の給与所得者が六年連続で一〇〇〇万人を超え、二〇一一年では一〇二五万人と全体の二三・四パーセントを占めています。このうち、女性のみの世帯では四三・二パーセントと、半分近くがワーキングプアです。

## 図表4　雇用形態別雇用者数の推移

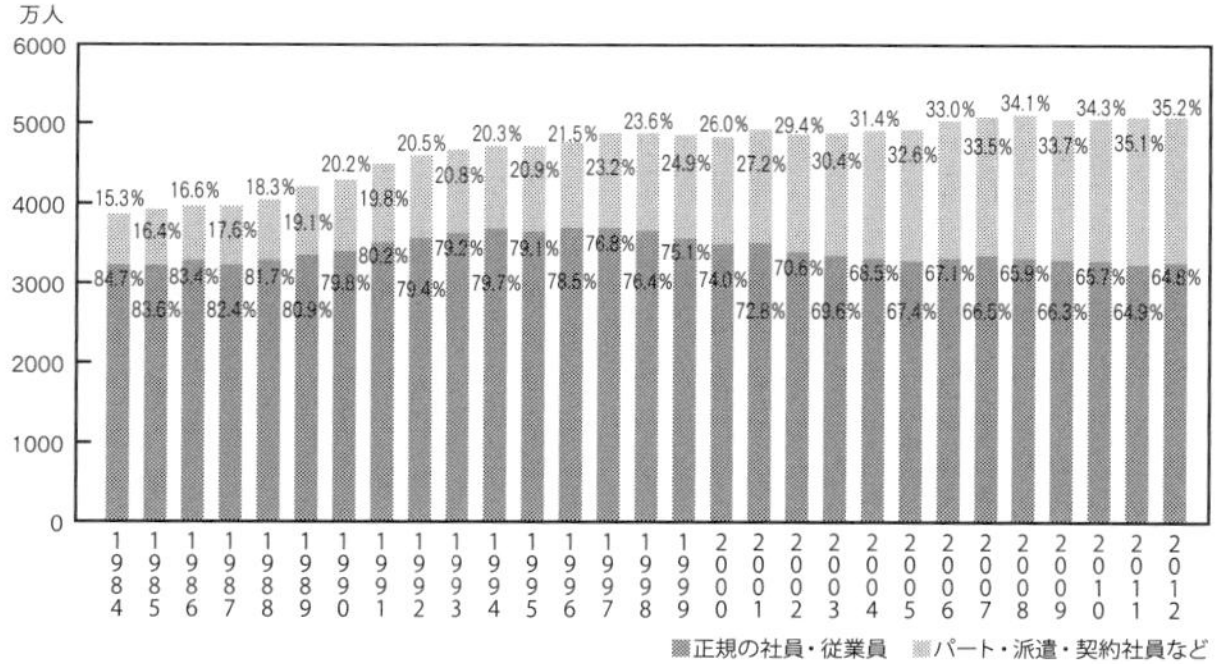


出所：総務省統計局「労働力調査特別調査」(2月調査)、「労働力調査（詳細集計）」（長期時系列データ）

また、一九八四年に八四・七パーセントだった正規の社員・従業員の割合は二〇一二年には六四・八パーセントにまで低下し、パート・派遣・契約社員などの労働者の割合が一五・三パーセントから三五・二パーセントに増加しました（図表4）。一九九九年の労働者派遣法による派遣労働の原則自由化、二〇〇四年の同法の製造業への適用といった制度変更もあり、雇用の非正規化が進んでいます。

非正規雇用は、正社員よりも平均年収が低く、とくにパート・アルバイトの約九割は年間所得が二〇〇万円未満といわれています。

非正規雇用で働く人たちは、多くの場合、雇用保険に加入することができません。ILO（国際労働機関）の調査によると、日本では失業給付を受けていない失業者の割合が、七七パーセントにのぼるとされました。離職による失業者に占める雇用保険受給者比率は、一九九七年には約六割でしたが、非正規雇用の増加などを背景に二〇〇八年には約三割に低下しています。

政府では、二〇〇九年に雇用保険制度を改正して非正規労働者に対する適用範囲の拡大を行ったものの、いまだ、多くの非正規労働者は雇用保険に加入することができません。このため、万が一に備えた貯金がなかったり、頼れる家族がいなかったりすると、いとも簡単に経済的困窮に陥ることになります。

また、内閣府が実施した「若者の意識に関する調査（ひきこもりに関する実態調査）」（二〇一〇年）によると、①「狭義のひきこもり」（「ふだんは家にいるが、近所のコンビニなどにはでかける」「自室からは出るが、家からは出ない」「自室からほとんど出ない」に該当した者）と、②「準ひきこもり」（「ふだんは家にいるが、自分の趣味に関する用事のときだけ外出する」に該当した者）の二種類のひきこもり者の数を推計したところ、①「狭義のひきこもり」は二三・六万人、②「準ひきこもり」は四六・〇万人にのぼり、両者を合わせると六九・六万人となっています。

さらに、厚生労働省では、総務省が実施している労働力調査で、十五歳から三十五歳の非労働力人口のうち、家事も通学もしていない人びとを「ニート」として定義しています。二〇〇九年度の実績では、全国で約六三万人と推計されました。

ワーキングプア、ひきこもり、ニート……。生活保護予備軍ともいうべき人たちも相当数にのぼります。

これから、生活保護制度はいったいどうなるのだろう。危機感を抱く人が増えたこともあるのでしょう、近年、生活保護をめぐる議論が活発化し、制度の運用も大きく揺れ動いています。

## 四つの転機

私は、近年の生活保護をめぐる動きには、大きく四つの転機があると考えています。二〇〇六年から始まり、ちょうど二年ごとに区切ることができるのです。二〇〇六年、〇八年、一〇年、一二年という四区間です（図表5）。適正化モデルと人権モデルのあいだで大きく揺れ動いているのが見て取れるでしょう。

まず、二〇〇六年以前の状況です。若干《じゃっかん》乱暴な言い方になりますが、このときには生活保護の問題はほとんど話題になりませんでした。ごくまれに新聞やテレビに取り上げられることはあっても、いまほど社会のなかで話題になることはなかったのです。いわば、生活保

## 図表5　両極に揺れ動く貧困対策

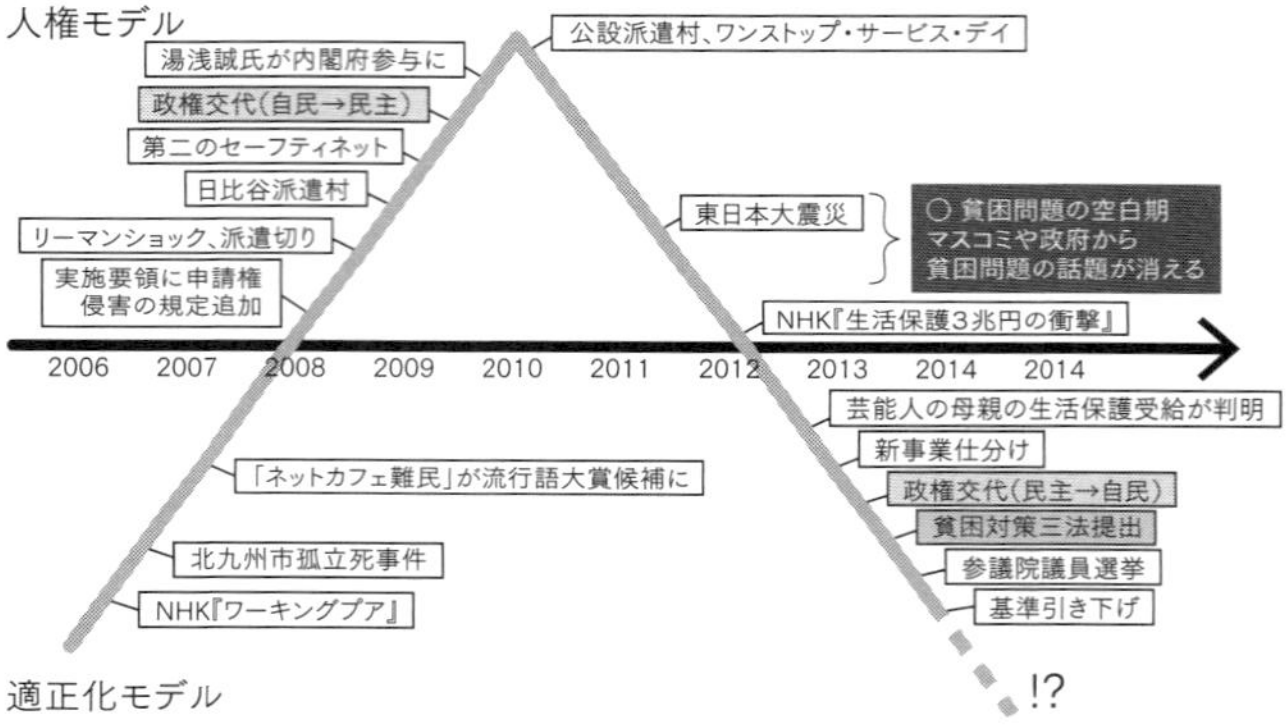
人権モデル
適正化モデル
公設派遣村、ワンストップ・サービス・デイ
湯浅誠氏が内閣府参与に
政権交代（自民→民主）
第二のセーフティネット
日比谷派遣村
リーマンショック、派遣切り
実施要領に申請権侵害の規定追加
東日本大震災
○ 貧困問題の空白期
マスコミや政府から
貧困問題の話題が消える
NHK『生活保護3兆円の衝撃』
2006
2007
2008
2009
2010
2011
2012
2013
2014
2014
芸能人の母親の生活保護受給が判明
新事業仕分け
政権交代（民主→自民）
貧困対策三法提出
参議院議員選挙
基準引き下げ
「ネットカフェ難民」が流行語大賞候補に
北九州市孤立死事件
NHK『ワーキングプア』
!?

護問題の夜明け前です。

第一の転機は、二〇〇六年。NHKスペシャルで『ワーキングプア』が放映され、この番組を転機にして、社会に新しい貧困が広がっているという視点での報道が増えていきました。このころから、人権モデルが力をもつようになっていきます。

第二の転機は、二〇〇八年です。この年の年末から翌年の年始にかけて、東京・日比谷公園で「年越し派遣村」が開設されました。その後、自由民主党から民主党への政権交代を受けて、村長を務めた社会活動家の湯浅誠さんは内閣府参与となり、彼を中心として貧困解消に向けた対策が打たれていくことになります。人権モデルがもっとも力をもった時期といえるでしょう。

第三の転機は、二〇一〇年です。〇九年から一〇年の年末年始にかけて、政府と東京都が協力して「公設派遣村」が開設されました。しかし、利用者の態度が問題視され、対応への疑問の声が出されるようになったのです。人権モデルの限界が見えてきて、適正化モデルが徐々に力を取り戻していく時期でした。

そして第四の転機は、二〇一二年。四月に有名お笑い芸人の母親が生活保護を利用していることがわかり、「年収数千万円もあるのに、親に生活保護を利用させている」と、ワイドショーや週刊誌を中心に、生活保護問題が頻繁《ひんぱん》に取り上げられるようになりました。国会議員の追及も始まり、生活保護はおかしいという声が大きくなっていきます。その後、生活保護費の一〇パーセント削減を公約に掲げた自由民主党が政権に就き、生活保護の引き締めに向けた動きが強くなりました。

どうでしょうか。全体の大きな流れはご理解いただけましたか。それでは、個別の事件を一つずつ見ていきましょう。

## 貧困の再発見

貧困の再発見の端緒《たんしょ》となった、NHKスペシャル『ワーキングプア～働いても働いても豊かになれない』は、二〇〇六年七月二十三日に放映されました。番組紹介では、制作の意図を次のように語っています。

働いても働いても豊かになれない……。どんなに頑張っても報われない……。

今、日本では、「ワーキングプア」と呼ばれる〝働く貧困層〟が急激に拡大している。ワーキングプアとは、働いているのに生活保護水準以下の暮らししかできない人たちだ。生活保護水準以下で暮らす家庭は、日本の全世帯のおよそ10分の1。400万世帯とも、それ以上とも言われている。

景気が回復したと言われる今、都会では〝住所不定無職〟の若者が急増。大学や高校を卒業してもなかなか定職に就けず、日雇いの仕事で命をつないでいる。正社員は狭き門で、今や3人に1人が非正規雇用で働いている。子供を抱える低所得世帯では、食べていくのが精一杯で、子どもの教育や将来に暗い影を落としている。

一方、地域経済全体が落ち込んでいる地方では、収入が少なくて税金を払えない人たちが急増。基幹産業の農業は厳しい価格競争に晒され、離農する人が後を絶たない。集落の存続すら危ぶまれている。高齢者世帯には、医療費や介護保険料の負担増が、さらに追い打ちをかけている。

憲法25条が保障する「人間らしく生きる最低限の権利」。それすら脅かされるワーキングプアの深刻な実態。番組では、都会や地方で生まれているワーキングプアの厳しい現実を見つめ、私たちがこれから目指す社会のあり方を模索する。

（NHKスペシャル『ワーキングプア』番組説明）

番組では、東北地方から仕事を探して上京してきた三十代の男性が登場します。男性は、短期のアルバイトや日雇いの仕事で収入を得て、二十四時間営業のサウナやマンガ喫茶を家代わりにする生活を続けていました。しかし、わずかな貯金も底をつき、路上で生活せざるをえない状況に陥ります。これまでに二〇を超える非正規雇用を経験しながら、いつまでたっても暮らしは上向かないまま。男性は、安定した仕事を求めて若者向けのハローワークで仕事を探します。しかし、住所不定の男性の面接に応じてくれるところは見つかりません。

職業を選んでいる余裕はなく、あらゆる業種に就職先を求めたものの、面接の申し込みは断られつづけます。食事はボランティアによる炊き出しに頼り、駅前にダンボールを敷いて寝る生活。睡眠時間は三時間ほどしかとれません。

しばらくして、ようやく面接してくれる会社が見つかりました。ところが、二社の所在地は、いずれも男性がいる都心から遠く離れた他県の街。面接に行くには一〇〇〇円近い交通費がかかります。所持金がゼロだった男性は、面接を断らざるをえませんでした。

「もう仕事に就けないのかなって考えてしまいますね。かすかな望みはもっていたんですけど……」

いつも過ごしているベンチで、長いあいだ放心したように座っていた男性。このほかにも、衰退《すいたい》する地方都市、睡眠時間四時間で頑張るシングルマザー、死ぬまで働かざるをえない老人など、日本に広がる貧困の姿が映し出されました。

番組のラストでは、キャスターの鎌田靖さんが登場して、こう述べています。

「こういう人たちに対して『努力が足りない』『個人の責任だから仕方がない』という人がいます。私たちの番組で取材に応じてくれた人たちはいずれも真剣に仕事を探し、家族のことを考えていました。努力をしない人、意欲がない人は一人もいなかったということを強調しておきたいと思います」

当時の日本では「自己責任」という言葉をよく耳にしました。きちんと勉強をしていい学校に行かなければ、正社員になれない。安定した収入を得るには、会社にとって必要な人間にならなければならない。努力を怠《おこた》れば、厳しい生活になるのも仕方がない。貧困に陥るのは自己責任である。こうした考え方に、明確にNOを突きつけたのです。

『ワーキングプア』をきっかけとして、厳しい生活を送る人びとの実態を探る番組が、次々と発表されていきました。なかでも、NNNドキュメント『ネットカフェ難民～漂流する貧困者たち』は大きな反響を呼び、二〇〇七年の流行語大賞のトップテンに「ネットカフェ難民」がランクインしています。ちなみに、〇八年には「蟹工船」が、〇九年には「派遣切り」が、一〇年には「無縁社会」がランクインしました。

『蟹工船』は、プロレタリア文学の代表的な作家である小林多喜二が書いた小説のタイトルです。一九二九年に発表され、カムチャツカの沖で操業する蟹工船で経営者に酷使される貧しい労働者たちが描かれました。派遣切りは、リーマンショック以降の急激な雇用調整で、真っ先に非正規労働者が削減の対象となり、仕事だけでなく住まいも失った労働者の窮状を表した言葉です。

無縁社会は、これもNHKで制作されたドキュメンタリーが元になっています。所在不明高齢者や児童虐待など、つながりを失い、孤立する社会を浮き彫りにしました。こうしてみると、人権モデルが力をもった時期には、次々と貧困をテーマとした流行語が生まれていることがわかります。

## 北九州市の孤立死事件

社会に広がる貧困を取り上げる番組が話題を呼ぶなかで、生活保護行政が注目される事件が発生します。

二〇〇七年七月十日、北九州市小倉北区で、一人の男性がだれにも知られることなく孤立死しているのが発見されました。通報で駆けつけた警察官によって発見された遺体は死後一カ月以上と見られ、一部ミイラ化していました。「おにぎり食べたい」。そう日記に書き残した男性の死は、北九州市の生活保護行政を象徴するものとして、数多くの報道機関に取り上げられます。

二〇〇六年十二月、肝臓などを患《わずら》い働くこともできなかった男性は、北九州市小倉北区福祉事務所に生活保護を申請しました。市は「働けるが当座の生活費もなく、電気やガス、水道も止められていることから、生活は逼迫《ひっぱく》している」として生活保護の利用を認めました。

男性が生活保護を利用しているあいだ、市は五回の就労指導を行います。その後、ケースワーカーの家庭訪問や電話連絡にも応答しなくなったことから、市では保護費を窓口払いに変更。二〇〇七年四月二日に来所した男性は「自立して頑張ってみます」と話して辞退届を

出所：The New York Times, 2007.10.12
写真：Ko Sasaki / The New York Times / アフロ

提出し、同日付で生活保護は廃止になりました。

遺体と一緒に発見された日記には、ほかに「無理やり（辞退届を）書かせ、印まで押させ、自立指導したのか」「生活困窮者は早く死ねということか」など、市への不満とも取れる内容が記されていました。

この事件は、二〇〇五年一月、〇六年五月の二件の孤立死事件を検証する「北九州市生活保護行政検証委員会」の開催期間中に発覚したこと、記者会見した小倉北区参事が、「保護開始から打ち切りまでの流れはモデルケースといえるほど、適切な対応だった」と説明したことなどから、市の対応は大きな批判にさらされました。

二〇〇七年十月十二日に発行された『ニューヨーク・タイムズ』では、その一面に"Death Reveals Harsh Side of a 'Model' in Japan"（その死は、日本の「モデル政策」の過酷な一面を明らかにした）と、北九州市の事件を取り上げました。

写真は、紙面に掲載された男性の自宅の様子です。記事では、北九州市で続けざまに起こった孤立死事件にふれたうえで、国内全体の生活保護利用率が二〇〇〇年から〇八年のあいだに、〇・八四パーセントから一・一八パーセントに上昇したのにもかかわらず、北九州市だけが一・二八パーセントから一・二六パーセントに下がっていることに言及しています。

そのうえで、北九州市の担当者のコメントを、次のように紹介しました。

「われわれは、いわゆる優等生だった。ほかの都市は、われわれから学ぶために北九州にやってくる。厚生労働省は〝北九州方式〟として、われわれのやり方を紹介している」

国内外からの批判を受けて、先の市検証委員会は、二〇〇七年十二月に報告書を提出。北九州市生活保護行政が不適切であったことを認めました。報告書や厚生労働省の指導を受けるかたちで、北九州市は辞退届の運用を見直し、数値目標（年度始めに年間の生活保護開始・廃止件数を決めて努力目標とすること）を撤廃することになったのです。

## 厚生労働省の決断

北九州市の孤立死事件の発生で批判を受けたのは、北九州市だけではありません。その指導監督の責任を負う厚生労働省も、厳しい批判にさらされました。対応を求める声が高まるなかで、厚生労働省はある重要な決断をします。現場の職員以外にはほとんど知られていませんが、生活保護制度の運用は、この改正によって大きな変更を余儀なくされました。

厚生労働省の決断――それは、「保護の開始申請時の取扱い」という項目の追加です。

生活保護制度の運用を定める保護の実施要領では、次官・局長・課長とその重要性によって発出者を変えています。次官は核となる考え方を、課長は細かいルールを、局長はちょうどそのあいだを埋めるイメージです。二〇〇八年四月に行われた変更は、わずか一〇項目しかなかった次官通知に項目を追加する大改正でした。追加された項目は、次のようなものです。

**第九　保護の開始申請等**

**生活保護は申請に基づき開始することを原則としており、保護の相談に当たっては、相談者の申請権を侵害しないことはもとより、申請権を侵害していると疑われるような行為も厳に慎むこと。**

生活保護の相談があったときには、相手の立場に立って、申請を諦めさせるような行為はしてはいけません。自分ではそうは思っていなくても、相手に侵害していると思わせるような、第三者から疑われるような行為もしてはいけません。

生活保護法の成立以降、申請時の対応が通知のなかに盛り込まれたのは初めてのことです。次官通知と同時に出された局長通知では、保護の相談における開始申請の取扱いとして、「生活保護の相談があった場合には、相談者の状況を把握したうえで、他法他施策の活用等についての助言を適切に行うとともに生活保護のしくみについて十分な説明を行い、保護申請の意思を確認すること。また、保護申請の意思が確認された者に対しては、速やかに保護申請書を交付するとともに、申請手続きについての助言を行うこと」と示しています。

ポイントになるのは、①保護申請の意思を確認すること、②申請意思があれば保護申請書を手渡すことの二点です。このルール追加は、現場に大きな衝撃を与えることになります。

その衝撃の大きさを理解するためには、同時期に出た課長通知を見ていただくのが一番です。若干長くなりますが、引用させていただきます。

**［面接相談時における保護の申請意思の確認］**

**問（第9の1）生活保護の面接相談においては、保護の申請意思はいかなる場合にも確認**

しなければならないのか。

答　相談者の申請意思は、例えば、多額の預貯金を保有していることが確認されるなど生活保護に該当しないことが明らかな場合や、相談者が要保護者の知人であるなど申請権を有していない場合等を除き確認すべきものである。なお、保護に該当しないことが明らかな場合であっても、申請権を有する者から申請の意思が表明された場合には申請書を交付すること。

［扶養義務者の状況や援助の可能性についての聴取］

問（第９の２）　相談段階で扶養義務者の状況や援助の可能性について聴取することは申請権の侵害に当たるか。

答　扶養義務者の状況や援助の可能性について聴取すること自体は申請権の侵害に当たるものではないが、「扶養義務者と相談してからではないと申請を受け付けない」などの対応は申請権の侵害に当たるおそれがある。

また、相談者に対して扶養が保護の要件であるかのごとく説明を行い、その結果、保護の申請を諦めさせるようなことがあれば、これも申請権の侵害に当たるおそれがある

**ので留意されたい。**

私には、課長通知の問いかけが、現場からの悲痛な問いかけに見えました。騒然とした会議室のなかで、現場職員が何十人も集まり、厚生労働省の職員を取り囲んでいる様子が目に浮かびました（もちろん、現実に殺気だった会議があったわけではありません）。現場の職員は増えつづける業務にいらだち、疲れています。現れた厚生労働省の担当者に対して、乱暴な口調で問いかけます。

「どんな場合にも、申請意思を確認したら大変なことになるぞ。ほんとうにそれでもいいと思っているのか」

「まず親族に相談するよう助言することも、違法にするつもりか」

厚生労働省は、その問いかけに、静かに「それは、してはいけません」と答える。

――これは大変なことになる、と背筋が寒くなりました。

## 適切な申請手続きとは何か

当時の生活保護行政で批判が集中したのは、生活保護の「入り口」の問題です。役所で生活保護の申請を受けつけない運用、市民団体や弁護士がいう「水際作戦」のことです。

二〇〇六年九月、日本弁護士連合会は、みずから実施した電話相談会の結果を受けて、「生活保護の窓口で保護を断られた一八〇件のうち、一一八件は自治体が違法な対応をしている可能性がある」という発表を行いました。全国の自治体で、北九州市と同じような水際作戦が行われていると告発したのです。

たしかに、生活保護の窓口に相談に行くと、現在の生活ぶりについて詳しい説明を求められます。生活保護法第四条には、「保護は、生活に困窮する者が、その利用し得る資産、能力その他あらゆるものを、その最低限度の生活の維持のために活用することを要件として行われる」と定められています。

自分でできることをしているかどうかを確認するために、大きく分けて四つの点からチェックされるのです。

第一に、稼働能力、働くことができるかどうかです。窓口では、健康であれば、まずは働いて生活をしていくよう助言されます。たとえば、劇団で役者修業中であったり、司法試験の勉強をしていたりするケースで、食べられないので生活保護を利用したいというのは認められません。

第二に資産の活用がなされているかどうか。預貯金は、月額の最低生活費の半分まで保有が認められています。それ以上の預貯金があれば、まずそれを生活費に充《あ》てなければなりません。生命保険は原則として解約、株券や証券、高額なブランド品の保有も認められません。持ち家はよほど大きなものでなければ保有が認められますが、条件があります。自家用車の保有は、原則として認められません。

第三は、他法他施策の活用がなされているかどうか。雇用保険の失業給付や労働者災害補償保険（労災）、年金などの社会保険、母子家庭であれば児童扶養手当や児童手当などが確認されます。他法の給付を受けたうえで、生活が成り立たないようなら生活保護を利用できるということです。

最後は、扶養義務の履行《りこう》がなされているかどうかです。親族のなかに援助できる人がいれば、その援助が優先されます。金銭的な援助を受けられる親族がいるのに、その人には頭を下げたくないので援助は受けない、だけど生活保護は利用したいというのは認められません。

福祉事務所に相談に行くと、これら四点について、利用希望者ができる努力をしているかどうかの聞き取りがなされます。十分な努力がなされていないと見なされた場合には、申請手続きに進まず、ケースワーカーは「これこれの努力をしてください」という助言を繰り返す運用が、多くの福祉事務所でとられていました。

福祉事務所では「制度をよく説明し、理解をしてもらったうえで、申請を行ってもらうために必要なプロセス」として事前相談は必要不可欠なものととらえており、厚生労働省もそうした運用を認め、むしろ、促進するような発言を行っていました。

## 働ける若者が利用できるしくみへ

日本弁護士連合会が報告した相談結果では、拒否の理由でもっとも多かったのは「親族から援助してもらうよう要求」したケースで四九件。このほか「『若いから働ける』と拒否」が四一件、「持ち家の処分を求めた」が一六件、「借金を理由に拒否」が一一件でした。扶養義務と稼働能力を問題としたケースが突出していたのです（『検証 日本の貧困と格差拡大』日本弁護士連合会編、日本評論社）。

高齢の夫婦が相談に見えられたとき、息子や娘がいれば、担当者は息子たちに扶養はできないのかと考えます。一定の収入があれば、厳しいとは思うけれど、少しは援助ができないか相談してみてくださいと話すことは当たり前のことでした。また、どこか病気があるわけではなく、年齢的にも働くことができる方たちには、まずはハローワークに行って仕事を探してくださいとアドバイスをしていました。

しかし、こうした運用が「違法である」「本来なら利用できる人を窓口で排除している」という声が高まり、その声に押されるかたちで、ルールの追加が行われたのです。このとき、厚生労働省は「いままでのルールを明文化しただけで、実際の運用に変更があるわけではない」という説明をしました。

たしかに、厚生労働省は担当者会議などで「保護の申請権侵害は行わないように」という説明を繰り返し行ってきていました。しかし、「やってください」(やらなくても、罰則はありません)というお願いから、「やりなさい」(しなければ、監査で指摘します)というかたちになったのです。

現場に影響が出ないはずがありません。

一番大きな影響は、働くことができる若者が生活保護を利用できるようになったことです。それまでは、働くことができる人には、ハローワークに行って仕事を探してくださいと説明して終わりにしていたものを、「あなたには申請する権利があります。どうしますか、申請しますか」と聞くようになりました。たいていの場合、生活保護を利用したいと思って窓口に来るわけですから、「じゃあ、ダメもとで申請します」ということになります。

同じように、母子家庭なら「別れた旦那さんには、子どもの養育費の請求はされたのですか」「まずはご両親に援助してもらえないか相談してみてください」と伝えて、申請するのは相談のあととしていたものを、「でも、申請するなら受けつけますよ」と付け加えるようになったのです。これも当然、「申請します」となります。この結果、それまではなかなか利用できなかった若い人たちが、生活保護を利用するようになっていきました。

生活に困った人の立場に立つ支援団体や弁護士は、この改正を、諸手《もろて》をあげて歓迎しました。そして、申請権の侵害が疑われるような言動があれば「あなたのやっていることは違法ですよ。ここに『やってはいけない』と書いてあるではないですか」と、相談者の代弁をする活動が活発化していくことになります。

運用の混乱が続くなかで、大きな転機が訪れました。

## 「見えない貧困」を「見える貧困」に変える

「派遣村を覚えていますか」

そうたずねると、生活保護に興味がなさそうに見える人でも、必ず覚えているという答えが返ってきます。二〇〇八年九月に発生したリーマンショックをきっかけに起きた、世界同時不況。日本でも工場の派遣労働者が一斉に雇止めにあう、派遣切りが吹き荒れました。職と同時に住まいを失い途方に暮れる人びと。これからどうなっていくのだろうという漠然とした不安が社会のなかに広がります。閉塞感《へいそく》に包まれたその年の十二月三十一日、東京・日比谷公園に「年越し派遣村」が開かれました。

ＮＰＯや労働組合が中心になって、住まいを失った人たちの避難所をつくる。手弁当で始まった派遣村は、開設わずか三日で入村者は二七〇人を超えました。年末年始というニュースが少ない時期に重なったこともあり、報道機関が派遣村に押し寄せ、テレビをつければどの番組でも派遣村が映っています。事態を無視できなくなった政府も、対応に乗り出しました。

派遣村の中心となったのは、ＮＰＯ法人もやい事務局長（当時）の湯浅誠さん。二〇〇一年に設立した「もやい」では、ホームレス状態にある人たちの連帯保証人となり、アパートに移していく活動を続けていました。当時の福祉事務所では、ホームレスに生活保護を利用させるにあたって、何重ものハードルがありました。湯浅さんは、利用者と同席して生活保護申請の手伝いをしていくなかで、「なぜこの人が生活保護を利用できないんだ」という不条理に何度も遭遇します。そうした経験を人びとに語るうちに、自分にも何かできないかという仲間が増えていきました。

派遣村の中心メンバーとなったのは、二〇〇七年十月に設立された「反貧困ネットワーク」です。市民団体や労働組合、研究者や法律家など、多様なバックグラウンドをもった団体や個人から構成されています。それまでにも個別に貧困問題の解決をめざして活動する団体はいくつも存在していました。しかし、それぞれの活動は縦割りで、分野や社会的な立場の壁を越えた活動はなかなかできないでいたのです。

反貧困ネットワークは「見えない貧困」を「見える貧困」に変えて、社会全体で貧困問題に取り組めるように声をあげていくことを目的としています。北九州市の孤立死事件への対応や生活保護申請の同行など、先ほどからふれてきた多くの事件は、反貧困ネットワークに関わる人たちが中心となって活動してきた成果といえるでしょう。

そして、その活動の一つの到達点が、年越し派遣村だったのです。

## 「年越し派遣村」の成功

連日の報道にいてもたってもいられなくなり、私も日比谷公園に足を運びました。年末ということもあり、公園の入り口は人影もなくひっそりとしています。ほんとうにここで派遣村をやっているのだろうか——そんな不安を覚えながら公園内を進むと、やがて行列が見えてきました。どうやら炊き出しをやっているようです。

近くのテントでは腕章をつけた人が呼びかけをしています。「こちらで証明写真が撮れます。無料ですよ」「生活保護の相談をしたい人は相談ブースに行ってください」。ボランティアらしき人に食ってかかっているホームレス風の男性がいます。大きなテレビカメラを抱えたクルーが何人も行き来しています。騒然とした様子に目眩《めまい》を覚えていると、相談ブースに見知った弁護士の姿を見つけることができました。

「何か手伝えることはありませんか」「ああ、ちょうど相談を受ける人間が足りなかったんだ。すぐに入ってくれるかな」。マニュアルも手順の説明もありません。渡されたのは相談票一枚。テントの片隅ですぐに相談が始まりました。

相談者は、日雇いで糊口《ここう》をしのいでいるという男性。アパートは家賃滞納で失い、仕事の連絡が入る携帯電話が命綱です。生活保護の集団申請が予定されていることを伝えると、「みんなが行くのなら、相談に行きたい」といいます。しかし、申請予定日には一カ月に何度もない仕事が入っているとのこと。「収入を得て自立する」という原則から考えれば、そちらを優先すべきではないか、しかし……。私は悩み、派遣村の中心メンバーに相談しました。

「最終的には本人の判断だけど、生活を立てなおしたいなら仕事を休んででも来るようにいってください」

「わかりました」

強い瞳に押され、私の迷いは消えました。

戻って相談者にその旨を伝えると、きっと背中を押してもらいたかったのでしょう、安心した様子で、「わかりました」とうなずいてくれました。

隣では、もうずいぶん長いこと家がない生活を続けている六十代の男性が、生活保護の概要とこれからの流れを聞いています。外には、何人かの相談者が、静かに自分の番が来るのを待っていました。

年明けの一月二日には、派遣村実行委員会からの要請を受けて、厚生労働省は自省の建物内にある講堂を、仕事始めの一月五日の午前九時まで宿泊所として提供することを決めました。また、その後の受入先として、中央区に二カ所、練馬区と山谷に一カ所、計四カ所の臨時シェルターの設置が決まりました。

期間中に派遣村を訪れた失業者はおよそ五〇〇人、参加ボランティアは一六九二人、寄せられた義捐金《ぎえん》は二三一五万円となりました（『派遣村 国を動かした6日間』年越し派遣村実行委員会編、毎日新聞社）。

派遣村の成功を受けて、各地で同様の取組が広がっていきます。二〇〇九年三月二十日には、埼玉、群馬、静岡、京都などの八府県で一斉に派遣村が開設され、日比谷派遣村と同じように、生活保護の集団申請が行われました。

行政も手をこまぬいていたわけではありません。

同年七月には、自由民主党の安倍晋三政権のもとで、第二のセーフティネット構想が打ち出されました。生活保護の手前にセーフティネットを張り、失業者を早期に労働市場に戻す緊急対策がいくつも実施されていくことになります。

解雇や雇止めにより、社宅や社員寮からの退去を余儀なくされた非正規労働者の住居の確保を目的とした、就職安定資金融資（現在は廃止）。職業訓練の期間中、生活や就職活動費として月一〇万円が支給される訓練・生活支援給付（求職者支援制度として恒久化）や、二年以内の離職者に生活保護の住宅扶助費と同額を支給する住宅手当（住宅支援給付として恒久化を検討中）など。制度はいずれも失業者を対象としており、ハローワークでの求職活動や職業訓練の受講が、支給や融資を受ける条件となっています。

## 「公設派遣村」の失敗

失業者向けの支援制度拡充の動きは、二〇〇九年八月の衆議院議員総選挙で民主党が圧勝し、同党の鳩山由紀夫代表が第九十三代首相に就任したことで、さらに加速します。同年十月には、年越し派遣村の村長だった湯浅誠さんが内閣府参与に就任。緊急雇用対策本部貧困・困窮者支援チーム事務局長として、年末年始にかけて実施された政府の対策の指揮を執っていくことになります。

まず手がけたのは、ワンストップ・サービス・デイの実施でした。年越し派遣村を繰り返さないために、ハローワークの行っている職業相談、自治体・社会福祉協議会が行っている住宅手当や生活福祉資金の相談、さらには、多重債務、心の健康相談を一カ所でできるように試験的に実施したものです。十一月三十日に全国七七カ所のハローワークで実施、二一五市町村が協力し、利用者は二四〇四人にのぼりました。利用者から「一度にいろいろな相談をすることができて助かった」と評価する声がある一方で、準備期間の不足、不十分な周知といった状況のなか、参加機関には大きな負担が生じました。

また、十二月二十九日から一月四日にかけて、東京都渋谷区の国立オリンピック記念青少年総合センターを会場として「公設派遣村」（正式名称は「失業者など生活困窮者の年末年始を支援する東京都の生活相談、宿泊提供の事業」）が開設されました。宿泊場所と食事を提供するとともに、ハローワークの関係者らも訪れて就労や住宅の相談が行われました。しかし、利用者の多くは就職には結びつかず、一月五日以後も合宿所を別の都内公設施設に移して支援が継続されます。

東京都では、利用中は生活再建に専念してもらうため無断外泊を禁止していました。しかし、利用者五六二人のうち約二〇〇人が無断外泊し、連絡をしたのはごく一部。また、就職活動費に充てるはずの給付金を酒代やたばこ代に充てた、施設内で禁止されている飲酒を行い退去処分になる者が出た、施設内に支給された現金の盗難が発生した……。利用者の一挙手一投足は、積極的にテレビや新聞に取り上げられました。前年の派遣村に比べると「せっかく助けようとしているのに、そのチャンスを生かさない人間がいる」といった報道が目立って増えたのです。

昨冬の派遣村の実行委員らで構成された「年越し派遣村が必要ないワンストップ・サービスをつくる会」は、こうした報道姿勢を批判しましたが、前年に比べると、雰囲気は明らかに変わりつつありました。

公設派遣村のあとに出された、東京都知事の石原慎太郎さんのコメントが象徴的です。八日に記者会見に応じた都知事は、「仕事を斡旋《あっせん》したら『それは嫌だ』といい、とにかく生活保護をもらえれば結構だという人もずいぶんいる。甘えた話だと思います」と発言。「入所している人たちの一部にモラルの問題がある。次は延長しません。どこかでけじめをつけないといけない」と述べ、入所者がこの間に仕事や住まいを決められなくても、予定の二週間以上は期間を延長せず、一月十八日で受け入れを終了することを明言しました。

東京都は「生活総合相談」を一月十五日に終了、宿泊場所と食事などの提供は、都知事が明言したとおり一月十八日をもって終了となりました。利用登録者五六二人のうち、生活保護などの福祉施策につながった者が四一九人と大半を占めます。再就職決定者は一五人、国が用意した失業者向けの貸付制度（就職安定資金融資）を利用したのは一人に留《とど》まりました。

## 機能しない第二のセーフティネット

一連の政府の動きに、生活保護制度もその姿を大きく変えていきます。

派遣村の直後に厚生労働省社会・援護局保護課長名で出された「職や住まいを失った方々

への支援の徹底について」（二〇〇九年三月十八日）、ワンストップ・サービス・デイの直前に出された「緊急雇用対策における貧困・困窮者支援のための生活保護の運用改善について」（同年十月三十日）、そして、同じく公設派遣村の直前に出された「失業等により生活に困窮する方々への支援の留意点について」（同年十二月二十五日）と、矢継ぎ早に通知が発出されました。

十二月の通知では「速やかな保護決定」という項目を第一にあげ、「失業等により生活に困窮する方が、所持金がなく、日々の食事や求職のための交通費等も欠く場合には、申請後も日々の食費等に事欠く状態が放置されることのないようにする必要がある。そのため、臨時特例つなぎ資金貸付制度等の活用について積極的に支援し、保護の決定に当たっては、申請者の窮状にかんがみて、可能な限り速やかに行うよう努めること」と実施方針を示しています。

積極的に生活保護を適用する動きが進む一方で、第二のセーフティネットとして鳴り物入りで導入された各種の施策は十分な機能を発揮することができませんでした。たとえば、就職安定資金融資の貸付件数は、二〇〇九年一月から六月まで一カ月平均約一五〇〇件であり、同時期の生活保護の新規決定件数と比べると、一〇分の一以下となっています。しかも、二〇一〇年四月末までに貸付決定を行った約一万一五二四件のうち、把握できただけで不正受給が三六五件（貸付全体の三・二パーセント）に及ぶことがわかっています。生活保護における不正受給件数の割合が一・七パーセントですから、約二倍の発生率です。

その多くは、利用者が事業所や不動産媒介業者と共謀し、ハローワークに提出する「離職・住居喪失証明書」と「入居予定住宅に関する状況通知書」を偽造することで、離職及び入居住宅に関する事実を偽装し、貸付金を騙し取っていました。悪質な事例の多くは組織的であり、同一の事業所、同一の不動産媒介業者が絡んだ複数人の申請事案が見られました。

不正受給が社会問題化したこともあり、二〇一〇年九月には同制度は廃止されます。同時期に導入したほかの支援策も、一部地域での実施に留まったり、返済が必要な貸付制度であったり、給付条件が厳しかったりといったこともあり、思うように利用は伸びませんでした。

## 失業者の受け皿となった生活保護制度

想定どおりに機能しない第二のセーフティネットなどの新施策。結果として、失業者の受け皿となったのは生活保護制度でした。それまでの高齢者、母子家庭、病気や障害で働くこ

### 図表6　生活保護の開始・廃止人員と失業率の推移

保護開始人員・保護廃止人員（人）　　　　　　　　　　　失業率（％）

凡例：保護開始人員／保護廃止人員／完全失業率（季節調整値）

リーマンショック（2008年9月）

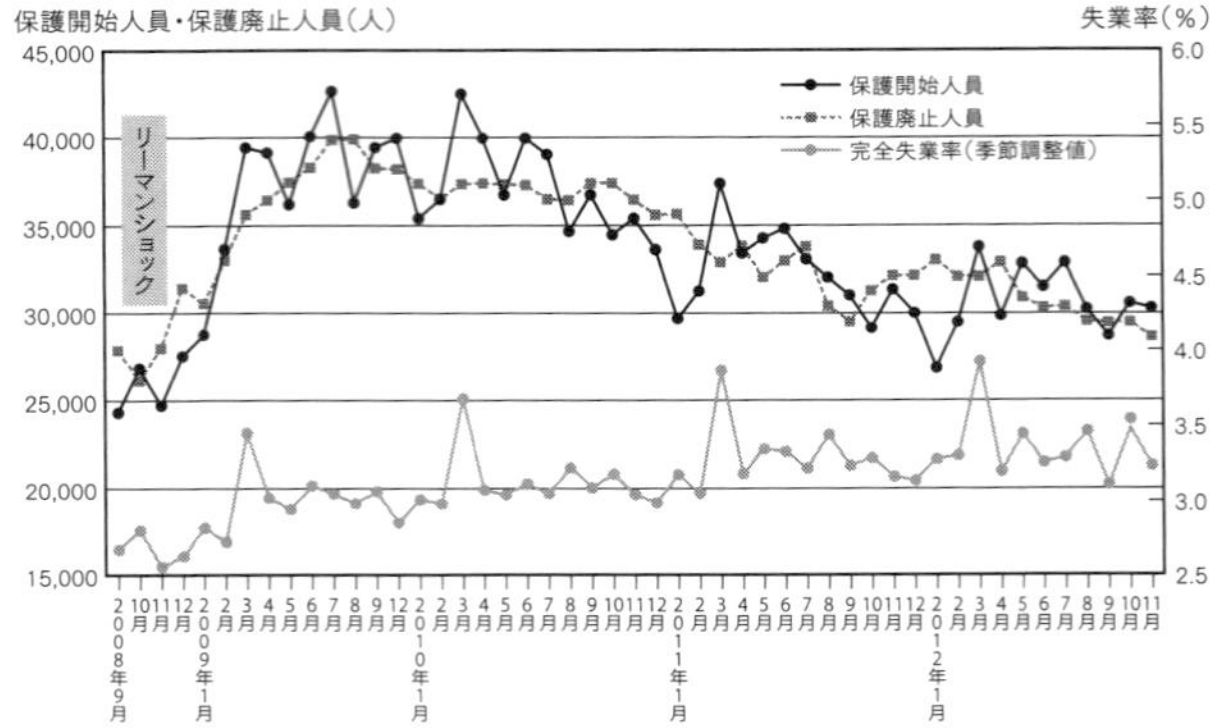

＊2011年3月から8月の失業率については、岩手県・宮城県・福島県を除いた数値
資料：被保護者調査（厚生労働省）、労働力調査（総務省）
出所：全国厚生労働部局長会議（厚生労働省）2013年

とができない人といった、一般にもわかりやすい「社会的弱者」が利用者の中心を占めた制度から、働くことができる失業者が利用する制度へ、その姿を急速に変えていったのです。

図表6は、リーマンショック以降の「生活保護の開始・廃止人員と失業率の推移」を示したものです。完全失業率と保護開始人員に正の相関関係があることをはっきりと見て取ることができます。

もし、生活保護が若者を排除していたとしたら、路上には職と同時に住まいを失った若者があふれ、ホームレスによる犯罪や未来を悲観して自殺する者が増え、日本はいまよりももっと住みにくい社会になって

いたでしょう。最後のセーフティネットとして、生活保護はしっかりとその機能を果たしたことがご理解いただけるでしょう。

しかし一方で、保護廃止人員は開始人員にはるかに及びませんでした。失業者が再就職先を見つけ、保護から脱却する動きは、限定的なものに留まったのです。

＊

——そして、二〇一一年三月十一日、東日本大震災が起こります。

政府の対応や報道は震災一色となり、ワーキングプアやネットカフェ難民、派遣切りといった言葉に象徴された、生活に困窮する若者の姿は、テレビや新聞から姿を消していったのです。

# 第3章
# 生活保護バッシングと法改正

## 「生活保護3兆円の衝撃」

貧困の再発見の端緒となった『ワーキングプア』から三年後、NHKはふたたび貧困問題を扱った番組を制作します。タイトルは『生活保護3兆円の衝撃』。その制作意図を次のように語っています。

凄まじい勢いで増え続ける生活保護受給者。今年4月末の受給者は、全国で202万人を突破。世帯数で見ると146万世帯を超え、終戦直後の混乱期を上回り過去最多となった。給付額は3兆4千億円に達しようとしている。急増の背景には、リーマンショックを受け、2010年春に厚生労働省が65歳以下の現役世代への生活保護支給を認めるよう全国の自治体に促したことがある。

全国一受給者が多い大阪市では、市民の18人に1人が生活保護を受け、今年度計上された生活保護費は2916億円、一般会計の17%近くを占めている。危機感を抱く大阪市は「生活保護行政特別調査プロジェクトチーム」を設置、徹底的な不正受給防止にあたると共に、受給者の就労支援に乗り出している。しかし巨額の生活保護マネーに群がる貧困ビジネスは悪質化、肥大化し、摘発は進まない。また、就労意欲の低い受給者に職業訓練や就職活動を促す有効な手立てがない中で、不況下の再就職は困難を極めている。

東日本大震災の影響で今後受給者が更に増えるとも言われる中、今年5月から、国と地方による生活保護制度の「見直し」に向けた協議が始まっている。番組では非常事態に陥った大阪の生活保護をめぐる現場に密着。「働くことができる人は働く」という日本社会の根幹が日に日に毀損されていく状況をどうすれば止められるのか、そのヒントを探る。

（NHKスペシャル『生活保護3兆円の衝撃』番組説明）

第2章でご紹介したNHKスペシャル『ワーキングプア』についての説明文と読み比べていただくと、そのスタンスの違いが際立つでしょう。『ワーキングプア』が人権モデルの立場から貧困の広がりを描き出したのに対し、『生活保護3兆円の衝撃』では適正化モデルの立場から、生活保護を利用する若者の現状を描き出します。

番組では、二十代から五十代の若い世代を専門に担当する大阪市のケースワーカーの大橋昌平さんに密着し、就労支援の現場を取材していきます。大橋さんが担当しているのは約六

○件、月に一、二度、家庭訪問をしています。最近多くなっているのは、生活保護が長くなるにつれ、就職への意欲が失われていくケースだといいます。この日、二十八歳の男性を訪ねました。生活保護を利用して二年、この数カ月、ほとんど就職活動をしていません。
「この前パソコン関係（の仕事）をしたいといっていたけれど、いま何かやりたい（仕事）はありますか？」

「こだわりは無くなってきた。いまは何を探したらいいかわからない。介護とか人と接する系（の仕事）はほんとうに向かない。無理だと思う」

男性は、以前はガソリンスタンドなどのアルバイトを転々としていました。どれも人間関係がうまくいかず、辞めたといいます。保護を利用するようになったあとも、就職面接で失敗を重ね、働くことに後ろ向きになりました。

「考えるより行動ですよ。ちょっと無理やり奮い立たせて。僕だったらそうする。人ごとだと思っていっていませんよ」と大橋さん。

大阪市では、働く世代の生活保護利用者は、月に一回就職相談の面接をすることになっています。この日は午後二時から男性の面接が予定されていました。しかし、時間になっても現れません。

電話しても連絡がつかないため、大橋さんは自宅を見にいくことにします。男性は自宅にいました。しかし、大橋さんは面接の予定を忘れたことを責めません。追い詰めると、ケースワーカーとさえ会わなくなる人が少なくないためです。

「皆さん仕事を探す意欲が少なくなるということもあるんですけど、それだけで済めばましなんですけど……一番は家から出なくなるんですね。ただ、家から出ないだけではなくて、人との関わり自体をもたなくなってしまう。自立というのがどんどん難しくなってしまう。それを食い止めるのは、いまのところ難しいんですけどね」

このほかにも番組では、ヤミ社会が狙う生活保護マネーと題して、ホームレスに声をかけて生活保護費のほとんどを吸い上げる「囲い屋」や、病院で処方された薬を売りさばくビジネスを紹介しています。

山積する問題にどう対応していくべきか。番組を書籍化した『生活保護3兆円の衝撃』（NHK取材班、宝島社）では、学習院大学の鈴木亘教授のコメントを紹介して、まとめに代えています。

「確かに、生活保護を受けてもいい低所得者はたくさんいるので、もっと生活保護を増やすべきだという主張は理解できないわけでもありません。しかし実施体制が崩壊しかかっている。生活に行き詰まり、一時的に保護を受けるというのはあってもいいが、アメとムチを十分に使って、どんどん生活保護から出ていってもらうようにしないといけません。そして、それでもどうしようもない人を支えるというのが福祉です。低所得者をすべて受け入れると、単純計算でも年間一〇兆円が必要で、消費税にすれば三パーセントを超える。制度を維持していくには、支える側、つまり納税者の理解が得られなければ無理です。今の状態では、とても理解が得られるとはいえない。納税者の理解を突破してしまって、いっきに止めろということになるかもしれない。そうすると日本にセーフティネットがなくなる」

「それは、支える側にとっても支えられる側にとっても、不幸なことです」

## タダでもらえるんなら、もろうとけばいいんや！

二〇一二年四月、年収数千万円ともいわれる芸能人が、母親に生活保護を利用させていることがわかりました。この事件は大きな反響を呼び、生活保護制度のあり方が問われる事態に発展していきます。

発端になったのは、週刊誌『女性セブン』による報道です。レギュラー、準レギュラーを合わせて約一〇本のテレビ、ラジオに出演するだけでなく、役者としてドラマや映画などにも出演する人気お笑いコンビのAさん。だれもが知っている売れっ子芸人の母親が、生活保護を利用していることが明らかになったというのです。

記事では、Aさんが飲み会の席で親しい後輩や友人にこんなことを語っていたといいます。

「いま、オカンが生活保護を受けていて、役所から〝息子さんが力を貸してくれませんか?〟って連絡があるんだけど、そんなん絶対聞いたらアカン! タダでもらえるんなら、もろうとけばいいいんや!」

意図的に母親への援助を拒みつづけているのではないかとの疑いももたげてくる、と同誌。確認のためにAさんの所属事務所に問い合わせたところ、その言い分は次のようなものでした。

Aの母は12年ほど前から、高血圧やストレスが原因の突発性難聴、肺気腫などのため、生活が困窮して収入が得られず、保護を受けています。しかし、Aには、母親の他に面倒を見なければならない3人の親族がいます。ですので、母親を含め4人の面倒を見れば、その額は4倍となり、彼の負担は大きくなっているんです。

またAはお笑い芸人という職業柄、将来いつ仕事がなくなるかわからないため、しっかりと貯蓄をしておきたいという考えもあるそうです。それら、ふたつの要素を踏まえ、行政と相談して〝1か月にこれだけは出せます〟という額を仕送りし、それをもとに受給する保護費から差し引いて、減額した形で母親が生活保護を受けているんです。ですので、Aが親の面倒を見ていないわけではないし、決して不正受給をしているわけでもありません。

（『女性セブン』二〇一二年四月二十六日号）

年収数千万円の超人気芸人であれば、家族の扶養をするのはそう難しくないのでは……読者に疑問を投げかけるかたちで記事は締めくくられています。

後にインターネット上の情報サイトで実名が報道されると、以前から生活保護の問題に積極的に取り組んでいた参議院議員の片山さつき氏は、自身のブログでこの問題を取り上げました。片山議員は、その著書『福祉依存のインモラル』（オークラＮＥＸＴ新書）のなかで「私たちが言っているのは、法律論だけではなく、年間数千万円という高収入があるにもかかわらず、母親に生活保護を受けさせることが社会通念上許されるのかという道義上の問題、モラルハザードの問題です」といっています。

法律論ではなく、モラルの問題である。法律で許されるのであれば、何をやってもいいのか。有名芸能人と生活保護というセンセーショナルな組み合わせ、後にほかの芸能人でも同様の事例が発覚したことなど、いくつかの要因が組み合わさり、ワイドショーや週刊誌を中心として、この事件に関わる報道がヒートアップしていきます。

## 日本の扶養義務

生活保護制度上、親族間の扶養義務は生活保護法第四条に定められています。「保護の補足性」という、簡単にいえば「やれることをしないで、生活保護を利用することはできません」という原理を定めたものです。

**第四条　保護は、生活に困窮する者が、その利用し得る資産、能力その他あらゆるものを、その最低限度の生活の維持のために活用することを要件として行われる。**

**2　民法（明治二十九年法律第八十九号）に定める扶養義務者の扶養及び他の法律に定める扶助は、すべてこの法律による保護に優先して行われるものとする。**

**3　前二項の規定は、急迫した事由がある場合に、必要な保護を行うことを妨げるものではない。**

生活保護では利用の前提として、その利用しうる資産、能力その他あらゆるものを活用することを要件とします。仕事ができるのであれば仕事をする、貯金があれば使いきる、年金や失業保険などの制度を利用できるなら、まずそれを使うことが求められます。これに対して、扶養義務は要件ではなく「優先」と定められています。要件と優先はどのように違うのか。これを理解するためには、生活保護法制定時にまでさかのぼらなければなりません。

じつは、生活保護法が施行される前に、三年八カ月だけ使われた法律がありました。同じ生活保護法なのですが、区別のために「旧法」「新法」と整理をしています。旧法では扶養義務についても、優先ではなく、要件として定めていました。

日本のセーフティネットは、家族や地域での支えだけで成り立っていた前近代から、「家族がいれば利用は認めない」という旧生活保護法、「援助はしてほしいけれど、法律上の縛りはかけない」という新生活保護法という順番で発展してきました。欧米では扶養義務は限定的な取扱いとしていましたが、そこまで個人主義が徹底されているわけではないという理由で、現行の規定に落ち着いたのです。

国際的に見ると、欧米では扶養義務の履行は夫婦と、成人していない子どもに対する親に限定されているのが一般的です。ちなみに、アジア圏では韓国が日本と同じような扶養義務の規定を置いています。

できる範囲での援助をしてもらえればいい――法律上の考え方からすれば、芸能人Aさんの行為はけっして不当なことをしているわけではないのです。

## モラルハザードが起きている

自民党幹事長代理で、自民党の生活保護プロジェクトチーム（PT）の座長（当時）を務める世耕弘成議員は、自身のブログのなかでこの問題にふれ、「苦しい家計の中から家族を扶養している人からすると、まったく納得のいかない話である」としています（ブログ「世耕日記」二〇一二年五月十六日、十七日）。

そのうえで、「今回の件で生活保護法の欠陥が明らかになった。生活保護法では、あくまでも民法上の扶養義務者ということで、三親等以内の親族全員に扶養の義務をかけているが、電話等で確認して断られる場合が多いのが実情である。今回の件を契機に党のPTとして、親子に関しては生活保護法でより強い扶養義務をかける。一定の年収以上の扶養義務者が居る場合には一律に生活保護の認定をしない。等の改善案を考えていきたい」とし、現行法の見直しを検討していくことを明らかにしました。

世耕議員は、生活保護プロジェクトチームでの取りまとめに向けた調査や議論の過程で痛感したこととして、「年金との逆転現象は納得できない」「働けるのに、扶養できる親族がいるのに受給している人がいる」など、生活保護給付の実態に多くの国民が強い不公平感を抱いている点をあげました。また、若い世代を中心にモラルハザードが起こっていて、「もらえるものは、もらわなくては損」という風潮が広がっている点も問題としています。

そのうえで、今回の問題を指摘したのは、この一件をきっかけとして、「あの人の親がもらっているなら私も」とか「あの人が扶養義務を回避できているなら私も」という空気が一気に広がりかねないことを懸念したものであり、安易な利用が進むことがあってはならないと強く思っているからだと、その理由を説明しました。

厳しい国家財政のなかで生活保護費がこれ以上膨張しては、財政状況を深刻化させるおそれがある。生活保護費を抑制しなくてはならないのは、国家的課題であり、今回のケースが与える影響を考えると、一芸能人の問題として済ませるわけにはいかないといっています。

五月十六日にはAさんが所属する事務所から、「親族が生活保護費の受給を受けているという重大なプライバシー情報が報道されていること自体、重大な人権侵害」というコメントが発表されましたが、騒ぎは大きくなる一方でした。五月二十五日にはAさんと所属事務所は記者会見を開き、「いまになると、むちゃくちゃ甘い考えだったのではないかと、深く反省しております。申し訳ありませんでした」と謝罪。母親が利用していたぶんの生活保護費については、市に返還する方針であることを説明しました。

同日には、衆議院議員社会保障と税の一体改革特別委員会において、自民党の永岡桂子議員からこの件に関する質問が出され、小宮山洋子厚生労働大臣が、「一般的には、高額な収入を得ているなど、生活保護受給者を十分扶養できるにもかかわらず仕送りを行わないケースなどについては、これは生活保護制度に対する信頼を失うことにもなりますし、そういう意味では、扶養が可能と思われる扶養義務者にはその責任を果たしていただきたいと思っています」との答弁を行いました。

一連の報道に対して、支援団体が何もしなかったわけではありません。弁護士らでつくる「生活保護問題対策全国会議」は、放送倫理・番組向上機構（BPO）に対して、放送に問題がなかったかを審議するよう要請しました。同会議では、民放ワイドショーなど六番組について、「過剰な演出、一方的な報道等により誤解を招く」「裏付け取材がなされていない個人の私的な証言を一方的に報道」「番組コメンテーターの発言を通じて不公正、不正確な内容を報道」の三点を問題にしています。

しかし、ＢＰＯの放送倫理検証委員会では、いずれも各放送局の編集の自由の範囲内と考えられるとして、審議入りしないことを全員一致で決定しました。いわば門前払いです。

## 保護基準引き下げの改革案

二〇一二年四月、自民党の「生活保護プロジェクトチーム」は生活保護の改革案を発表します。改革案では、職業訓練などの自立支援プログラムを充実させることで生活保護からの脱却を促進する一方で、給付水準を一〇パーセント引き下げ、全体で歳出を八〇〇〇億円削減することを目標に掲げました。生活保護削減を公約に掲げた自民党はその年の衆議院議員総選挙で大勝し、適正化の流れがいっそう加速していきます。

二〇一三年四月に通過した予算案では、生活保護基準が大きく引き下げられることになりました。引き下げは、二〇一三年八月から三年かけて行われ、引き下げ幅は最大で一〇パーセント程度です。引き下げ幅や金額は、年齢や世帯構成などによって異なります（図表7）。

金額については、二〇一三年一月に社会保障審議会生活保護基準部会が出した報告書をも

### 図表7　生活扶助基準の見直しの具体例

（単位：万円）

| 世帯類型 | ①2013年7月まで | ②2013年8月 | ③2015年度以降 | ②-① | ③-① |
|---|---|---|---|---|---|
| 3人世帯（夫婦と子1人） | 21.8 | 21.3 | 20.2 | △ 0.5 | △ 1.6 |
| 4人世帯（夫婦と子2人） | 28.2 | 27.6 | 26.2 | △ 0.7 | △ 2.0 |
| 単身世帯（60代） | 11.7 | 11.6 | 11.5 | △ 0.1 | △ 0.2 |
| 2人世帯（60代夫婦） | 16.4 | 16.2 | 15.9 | △ 0.2 | △ 0.5 |
| 単身世帯（20～40代） | 12.1 | 11.9 | 11.4 | △ 0.2 | △ 0.7 |
| 母子世帯（母親と子1人） | 19.1 | 18.9 | 18.3 | △ 0.3 | △ 0.8 |

＊数値はすべて都市部であり、町村部の基準額は異なる。端数処理により合計・差額が一致しないことがある

出所：第25回社会保障審議会（厚生労働省）をもとに著者作成

とに、厚生労働省がデフレによる物価下落を反映しました。内訳としては、基準部会での分析で明らかになった保護基準のゆがみを調整したものが九〇億円、物価下落幅は四・七八パーセントで五八〇億円となります。これに期末一時扶助の見直し七〇億円を加え、全体で七四〇億円程度の削減効果を見込んでいます。

見直しの中心となったのは、子育て中の世帯、とくに「夫婦＋複数の子ども」という世帯構成の場合です。生活保護では、飲食費などの一人当たりの生活費（一類）と光熱水費などの世帯全体の生活費（二類）を合算して生活扶助費を計算しています。一人当たりの生活費にあたる一類の金額が大きいため、世帯の人数が多くなるほどスケールメリットが働いて生活費に余裕が出ることは、

以前から指摘されていました。今回の基準改正では指摘を踏まえ、かなり細かい計算で基準額の変更を行っています。

二〇一三年五月十七日、政府は、生活保護法改正案と、生活保護の手前の人に自立を促す生活困窮者自立支援法案を閣議決定しました。八月からの生活保護費の減額とあわせて、不正受給の罰則強化などで引き締めを図る一方で、自立支援も同時にめざす内容です。

改正案の内容は、大きく五つから構成されています。

①就労の自立を促すため、就労自立給付金を創設する
②被保護者就労自立支援事業の創設
③被保護者の健康管理や家計支援の取組を強める
④不正・不適正受給者対策の強化の一環として、申請時をふくめた福祉事務所の調査権限の強化（罰則と返還金、扶養義務者への報告）
⑤医療扶助の適正化（指定医療機関の見直し、指導強化、後発医薬品の使用の促進）

①は、就職が決まるなどして生活保護から脱却した場合に、一定の給付金を上乗せして支

払うものです。生活保護では税金や社会保険料の減免が利用できるため、生活保護から外れたとたんに生活水準が下がる場合があります。このため、「仕事をせずに生活保護を続けたほうがいい」という人も出てくるのです。これを、「貧困の罠《わな》」といいます。

これを避けるために、保護を利用しているあいだに得た就労収入のうち、一定の金額を仮想的に積み立て、保護が廃止された段階で一括して支払おうというものが、就労自立給付金です。保護からの脱却へのインセンティブを強化する役割が期待されています。

福祉事務所が行う就労支援が②の事業です。すでに、多くの自治体では就労支援員などの専門職員を配置していますが、これの法律上の位置づけを明確にします。

③の取組では、生活保護利用者の生活上の義務として、健康や家計についてみずから適切に管理するよう指導し、福祉事務所がそれを支援する体制を強化します。

④の調査権限の強化は、保護の申請時に求める提出書類を整備するものです。申請書や関係書類の提出を義務づける条文を新設するとともに、扶養義務者に対しても、扶養の可否について説明を求めることができるようにしました。

また、福祉事務所の調査権限を強化します。申請者やその扶養義務者についての必要な情報の報告を、官公署、日本年金機構、銀行や勤務先などの関係機関に対して求めることができるようにしました。さらに、不正受給があった場合には、その実額の返還を求めるだけでなく、徴収金を上乗せすることができることになります。

⑤の適正化は、おもに医療機関の不正に対処するためのものです。生活保護の指定医療機関の取消し要件を明確にし、更新制度を導入。また、立ち入り検査などの権限強化、後発医薬品の利用促進などが盛り込まれています。

## 合法化される「水際作戦」

提案された法案のなかで、注目を浴びたのは不正受給の罰則強化でも自立支援でもありませんでした。

論点になったのは大きく二つです。一つは、生活保護を申請する際に、資産や収入、扶養義務者の状況などを、書面で届けるよう改めたこと。もう一つは、親族に対して、福祉事務所が報告を求めることを義務づけたことです。これに対して支援団体や弁護士からは、水際作戦の合法化であると激しい批判が巻き起こりました。

それでは、改正案はどのようなものなのでしょうか。具体的に見ていきましょう。

まず、申請手続きの変更についてです。改正案では、現行の生活保護制度でも使用されている、保護申請書、資産申告書、収入申告書の三つの書類の提出が、申請者に義務づけられています。実際の運用ではさらに、関係機関への調査に同意したことを示す「同意書」の提出が求められることが一般的です。このほか、関係資料としては、給与明細書、預金通帳、障害者手帳や年金手帳などの行政サービスを利用するための証明書、賃貸借契約書などのコピーを提出することが求められます。

現行法ではこれらの書類は義務ではなく、本人が提出したくないといえば、福祉事務所では強制することはできません。提出を拒むケースでは往々にして都合の悪いことを隠していることがあり、よくよく調べると銀行に預金が見つかったりします。いきおい、審査をする側の福祉事務所の目線は厳しいものとなり、それが、支援団体からは「水際作戦だ」と批判されてきたのです。

誤解していただきたくないのですが、多くの福祉事務所、支援団体ではお互いの立場を理解し合い、利用者の立場に立って協力しながら支援を行っていました。しかし、一部の福祉事務所、支援団体では意見の折り合いがつかず、激しい対立に発展することもあったのです。

その際、支援団体にとって、「口頭での申請も有効である」「関係書類の提出は法律上の要件ではない」という規定は大きな武器となっていました。いざとなればその規定を盾に、「きちんと調査しなければ、そして、決定をしなければ、上級官庁の都道府県や厚生労働省にいいつけるぞ」といい、実際に主張が通らなければ「きちんと指導をしろ」と上級官庁に求めます。

利用者の目線に立った活動は、福祉事務所の「行動」を変える点では大きな意味をもちました。厚生労働省や都道府県の指導もあって、窓口で理由をつけて申請を受けつけない運用は徐々に減っていきました。

しかし、福祉事務所の「認識」まで変わったのかといえばどうでしょう。私は、面白くない、こんなのはおかしいと思っている職員も、少なからずいたのではないかと思うのです。

## 一変する窓口対応の構図

あなたが窓口の職員であると想像してみてください。

二十代後半の女性が窓口を訪れました。最新型と思われるスマートフォンを片手に、もう片方には大きなバッグをぶら下げています。ブランド物ではありませんが、服装は身ぎれいにしていて生活に困っているようには見えません。話を聞くと、今度、離婚をするので生活保護の申請をしたいといいます。高校を中退してから、働いたのはガソリンスタンドのアルバイトだけ。十代で結婚してからは子育てに専念していたので、すぐに仕事はできないというのです。

養育費のことを聞くと、「そんなの、もらえるわけない」。

両親のことを聞くと、「近所に住んでるけど、連絡を取るのはいや」。

貯金はと聞くと、「全然ない」。

これからのことを聞くと、「生活保護を受けて、それからゆっくり考えたい」。

離婚をして収入がなくなれば、生活に困るのは明らかです。だからといって、にっこりと笑って「どうぞ、生活保護の申請書をお書きください」といえるでしょうか。

――もうちょっと、自分でできることもあるんじゃないか。

あまり厳しい印象を与えないように、極力、気を遣ってアドバイスをする。まずは、旦那さんと離婚にあたって養育費の取り決めをしてもらう。両親にも事情を話して、一時的にでも同居できないか相談してみてはどうか。子どもを保育園に預ける手続きをして、就職活動も始めよう。「えー」と不満そうな顔をする彼女に、「駄目だったら、また相談に乗るから」といって聞かせることにしました。

翌日、支援団体を名乗る女性から、「あなたのやったことは違法行為です」とすごい剣幕で連絡が入ります。「そうはいっても」と説明をするが平行線。そのうちに、県庁から「○○さん、いまは、きちんと申請書を受けつけないといけなくなったんです。裁判やったら負けますよ。大変なことになりますよ」と連絡が入る——。

「そうか、私がやったことはいけないことだったんだ。これからは、まず申請書を受けつけて、生活保護をどんどん適用していかなきゃ」と思うでしょうか。

今回の生活保護改正案は、支援団体の物言いに内心忸怩《じくじ》たる思いをしていた窓口職員にとっては福音《ふくいん》になります。なぜなら、いままでは無条件で受けつけなければならなかった申請書に、必要書類の添付を求めることができるからです。先ほどの例でいえば、必要書類はいくらでも思いつきます。

まずは、離婚時にあたって養育費の取り決めをしていただく必要があるでしょう。公証役場で手続きをすれば、裁判の判決と同じ効力をもつ公正証書をつくることができます。養育費の支払いが滞《とどこお》れば、別れた夫の給与を差し押さえることもできます。

次に、両親には「扶養ができない」という念書を書いてもらおう。書類には、年収や資産などを細かく記載してもらい、記入漏れがあれば再提出。貯金についても、両親が子ども名義でつくった貯金があるかもしれない。これも、両親から有無を明記した書類をもらおう。仕事については、最低でもハローワークの登録は必須。できれば求職活動の記録もほしい。本人から今後の計画書も提出させよう。保育園にも入園手続きをさせて、いつから入園できるかも確認しておこう――。

これらはすべて、生活保護が必要であるかを確認するためには不可欠な書類です。だから、書類が揃《そろ》わなければ、申請書を受理することはできません。

翌日、支援団体の女性から電話がかかってきました。

「いやあ、申し訳ないんですが書類が整っていないので、申請は受けつけられないんですよ。なにしろ、法律にそう規定されているので、私ではどうしようもないんですよ。ああ、いいですよ。県や厚生労働省にも聞いてみてください。なにしろ、法律ですからね。役所は、法律で決まったことをしっかりやるのが仕事なものですから。すみませんね」

歯がみする支援団体と、溜飲《りゅういん》を下げる窓口職員。構図は一変するのです。

## 扶養義務者への調査が受給を阻む

申請時の取扱いだけではありません。改正案では、福祉事務所による扶養義務者への調査権も強化されました。扶養義務者には、親子や兄弟はもちろん、甥や姪など三親等以内の親族が含まれます。

現行でも、親族に対して、「あなたの親族の○○さんが生活保護を申請されました。ついては、扶養ができるかどうかを回答してください」という照会（扶養照会）は行われています。厚生労働省や都道府県が行う監査でも、扶養照会は重要なチェックポイントです。ただし、すべての親族に一律に行うわけではなく、親も年金だけで生活が厳しいとか、DVを受けて逃げてきているといった、理由さえ記録されていれば問題にはなりませんでした。

しかし改正案では、扶養照会は義務化され、調査実施が原則となります。また、官公署に対して回答義務が課され、福祉事務所が必要に応じて情報を集めることができるようになりました（法第二九条）。回答義務の範囲は、申請者本人だけではなく、その親族も含まれます。

個人情報保護の動きが強くなるなか、福祉事務所が照会しても回答を拒否される事例が頻発します。とりわけ、照会に同意が得られにくい親族については、その所得を把握することが難しい状況でした。法律上の規定が設けられることで、多額の資産や収入がありながら、扶養ができないと回答する親族に対して、「あなたには、これだけの収入・資産があるじゃないですか」と示すことができるようになります。

悪意をもって制度を利用しようとする人への有力な対抗手段となる一方で、副作用も生じました。だれでも、自分の個人情報を勝手に見られるのは嫌なものです。家族を養うだけの能力があるかどうかという理由ならなおさらでしょう。今回の改正案で新しく入ったものではありませんが、生活保護法では勤務先への調査も条文に入っています。課税調査によってたくさんの収入があることがわかれば、さらに詳細を調べるため、親族の勤務先に調査をかけることも出てくるかもしれません。

より深刻なのは、調査をされるかもしれないという事実が、生活に困窮する人が生活保護を申請することをためらわせる原因になることです。とくに、お年寄りのなかには、子どもや兄弟に迷惑をかけることを何より嫌う方が少なくありません。今日食べるものにも困っているにもかかわらず、自分が我慢すればいいと申請を諦め、最悪の結果に至る――。

二〇一三年五月十七日、日本弁護士連合会は、「生活保護の利用を妨げる『生活保護法の一部を改正する法律案』の廃止を求める緊急会長声明」を発表し、改正案には、①違法な「水際作戦」を合法化する、②保護申請に対するいっそうの萎縮的効果を及ぼす、の二点において、看過しがたい重要な問題があるとして、同法案の廃案を求めました。

## 国際連合からの警鐘

日本弁護士連合会だけではありません。同日、国際連合が発行した報告書でも、日本の生活保護制度に勧告が出されました。

私たちは、日本の高齢者、とりわけ無年金あるいは低年金の高齢者の間で貧困が生じていることを心配しています。貧困が、年金拠出期間が受給資格基準に達していない高齢女性に大きな影響を与えること、また、スティグマのために高齢者が生活保護の申請を控えることが懸念されます。（中略）

私たちは、生活保護の申請手続を簡素化し、かつ申請者が尊厳をもって扱われることを確保するための措置をとることを、日本に対して求めます。また、生活保護につきまとうスティグマを解消する目的で、住民の教育を行なうよう勧告します。

（国際連合 経済的、社会的及び文化的権利に関する委員会「日本に対する第三回定期報告書に関する総括所見」二〇一三年四月二十九日～五月十七日、第五〇会期）

スティグマという言葉に聞き覚えのない方もいらっしゃるでしょう。もともとは、ギリシアで奴隷や犯罪人であることを示す焼き印のことで、汚れた者、忌《い》むべき者というマイナスイメージが体に刻印されたものをいいます。これが転じて、他者や社会集団によって個人に押しつけられたネガティブなレッテルを、スティグマと呼ぶようになりました。

生活保護を利用することは恥ずかしいことだと思わせるようなキャンペーンを行うことは、スティグマの強化にあたります。国際連合では、日本でこうした動きが広がっており、それが、生活に困難を抱える人たちをさらに追い詰めることになるのではないかと警鐘を鳴らしたのです。

この改正案に対して、厚生労働省は「運用はこれまでどおり、変わらない」という説明を行っています。二〇一三年五月二十日に行われた生活保護関係全国係長会議では、「改正法案の中で正確を期しておきたい点について」という項目を設け、生活保護の申請と扶養義務の通知に関して改正を行う点について説明をしました。

まず、保護申請時に必要な書類の添付を求めるようにしたのは、調査権限の強化を定めた条文との整合性をとるためとしています。この点については、五月二十九日の厚生労働委員会の質疑において、内閣法制局が法案審査をした際に、同趣旨の助言を行ったことが明らかになっています。

そのうえで、現在も厚生労働省令では申請は書面を提出して行うこととされており、現在提出されている書面には何ら変更はないと述べました。また、口頭申請についても、その運用を変えることはなく、特別な事情のある方については、従来同様に認めることとし、その旨を省令で定めることとしています。

扶養義務の通知についても、法制上の整理として、その対象となりうる扶養義務者に対して、「生活保護を受けようとしていることを、事前に親族が知っておくべき」という指摘を受けて盛り込んだものであるとしています。

そして、現在でも扶養義務の照会は行っており、この通知の対象となるのは、福祉事務所が家庭裁判所を通じて、法的に扶養義務の履行を求めていくような、きわめて限定的な場合に限ることとし、その旨を厚生労働省令に明記すると述べました。

五月二十九日、野党からも批判の声があがったことを受けて、生活保護法改正案については、自民党・公明党・民主党・日本維新の会・みんなの党の五党の合意のうえで、特別な事情がある場合には、書面での提出は要せず、関係書類を添付しなくてもよいという但し書きを入れることになりました。

厚生労働省が省令で規定しようと考えていたものを、法律のなかできちんと位置づけたかたちです。野党各党や支援団体の意見を汲《く》み取り、譲歩したものといえるでしょう。

## 歴史は繰り返される

人権モデルから適正化モデルへと、振り子のように大きく動く生活保護制度。その様子を見ていると、歴史は繰り返されるとの思いが強くなります。

大きく話が飛びますが、十八世紀のイギリスでも同じようなことがあったのです。イギリスでは、一六〇一年以来、エリザベス救貧法により生活に必要な現金や現物の給付、救貧院への収容、労働可能な者への仕事の提供などが行われていました。インターネットの匿名掲示板などでは、「生活保護の利用者は、すべて施設に収容して、そこで食事などの最低限の保障をすればいい」「仕事の斡旋だけしてやればいいんだ」といったアイディアを書く方がいますが、そのイメージを体現したのがエリザベス救貧法です。

産業革命の時代、生産性は大幅に向上し、貿易量の増加にしたがって経済は拡大しました。しかし、輝かしい歴史には、多くの負の影響が伴います。

先行する農業革命によって農村共同体は解体し、都市部への人口流出によって地方は貧困化しました。都市部に移り、工場労働者となった人にも安心はありません。貿易量の変動によって簡単に解雇され、たちまち生活に行き詰まる人も少なくありませんでした。現代でいえば、ワーキングプアや派遣切りです。

彼らを救うべきだという声が高まるなかで、救貧法とは一線を画した新しい制度が構想されました。それが、一七九五年に始まったスピーナムランド制度です。

この制度では、働いていても最低所得を下回る家庭には、最低生活費と賃金の差額について教区（キリスト教会を通じた行政単位）を通じて支給されました。現代の生活保護制度や、最近、議論されることが多くなったベーシックインカム（すべての国民に、政府が生活できる一定額を無条件で給付するもの）に近い設計といえるでしょう。さらに、日本の生活保護のように親族に扶養を求めることもなく、若いから働けと制度から排除することもありません。スピーナムランド制度は人びとの大きな期待を受けて広がっていきました。

しかし、善意と誠意に満ちた政策立案者の思いとは裏腹に、救貧地方税は膨張の一途をたどり、企業側からは単なる賃金補助と受け止められて低賃金が温存され、不要となれば労働者を解雇することが常態となりました。

中産階級を中心とする納税者の反発も大きくなり、一八三四年、同制度は廃止され、新救貧法が制定されることになります。

新救貧法は、保護される者は自立して生きる労働者の最下層の生活よりも劣るべきとする「劣等処遇の原則」、労役場のなかだけでしか貧民に対処しないとする「院外非救済の原則」を徹底させる制度で、スピーナムランド制度以前のエリザベス救貧法より貧民に厳しいものとなったのです。

英国で貧民への劣等処遇の状況が大きく改善されるには、二十世紀に入ってからの社会保険の導入を待たねばなりませんでした。

＊

――スピーナムランド制度のありようは、現在の生活保護をめぐる議論の流れと酷似している。そう思うのは、私だけでしょうか。

第４章

# 各論対決「適正化モデルvs人権モデル」

## 財務省VS日本弁護士連合会

これまで適正化モデルと人権モデルがぶつかり合うなかで、生活保護行政が大きく揺れ動く様を見てきました。この章では、生活保護をめぐる代表的な論点のうち、それぞれの立場からの主張を比べていきます。

適正化モデルの代表は、財務省主計局です。各府省の予算を握る主計局は「財務省のなかの財務省」と呼ばれ、その分析力は群を抜いています。二〇一二年十月の財務省財政制度審議会では、財務省主計局が生活保護の諸問題について詳細な報告を行いました。こちらの紹介をしつつ、適正化モデルがめざすものを探っていきます。

一方、人権モデルの代表は日本弁護士連合会（日弁連）。ご存じ、医師会と並ぶ日本有数の専門職団体です。二〇一二年六月、日弁連貧困対策会議では「Q＆A　今、ニッポンの生活保護制度はどうなっているの？」というパンフレットを作成し、誤解されがちな生活保護制度の現状を正しく知ってほしいと訴えています。

生活保護をめぐる議論は多岐にわたりますが、ここでは大きく四つに整理しました。①生活保護の急増は財政破綻《はたん》を招くのか、②生活保護基準は高すぎるのか、③働ける利用者への対応をどうすべきか、④不正受給対策はどうするのか、の四点です。財務省と日弁連、それぞれが作成した資料を引きながら、双方の主張を整理していきましょう。

## 〈論点①〉生活保護の急増は財政破綻を招くのか

### 生活保護が財政危機を招いている（財務省の主張①）

生活保護利用者は、現在二一一万人を超えて史上最高を更新しています。とくにリーマンショック以降には急激な伸びを示していたものの、最近の伸び率は若干鈍化しています。年齢層別の構成割合を見ると、六十歳以上の高齢者の伸びが大きく、全体に占める割合は五割を超えました。リーマンショック以降は、その他の世帯と呼ばれる六十歳未満の稼働年齢層の利用者も増加傾向にあります。

予算も急激に増加しています（図表8）。二〇一二年度は、国、地方で三・七兆円、国費だけでも二・八兆円です。内訳は医療扶助費が全体の約半分、生活扶助費が全体の約三分の一、住宅扶助費が一五パーセント、その他となっています。

生活保護費の伸び率では、もっとも低かった一九九四年度を一〇〇とすると、二〇一一年度には二四八と約二・五倍に増加しました（図表9）。社会保障給付費全体と比べても、そ

## 図表8　生活保護費負担金の推移

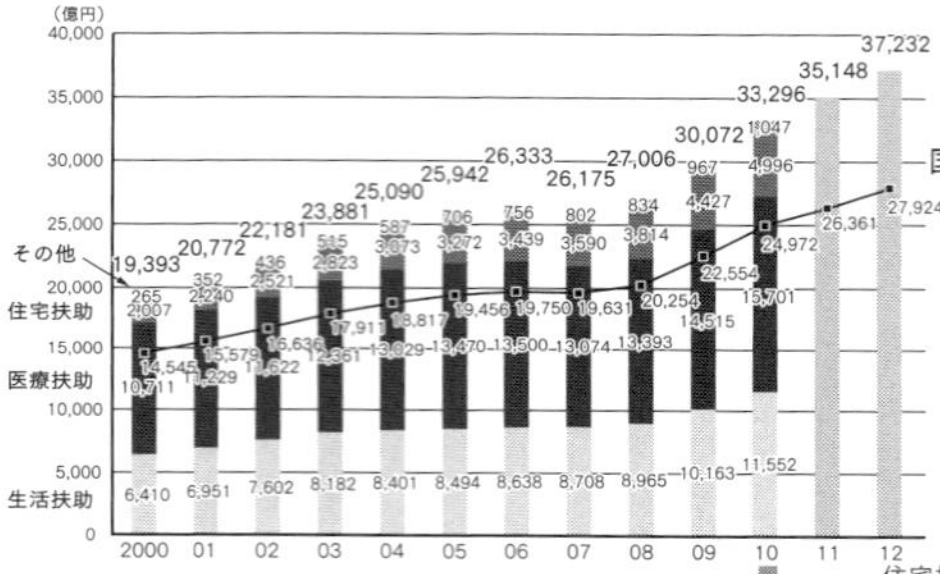


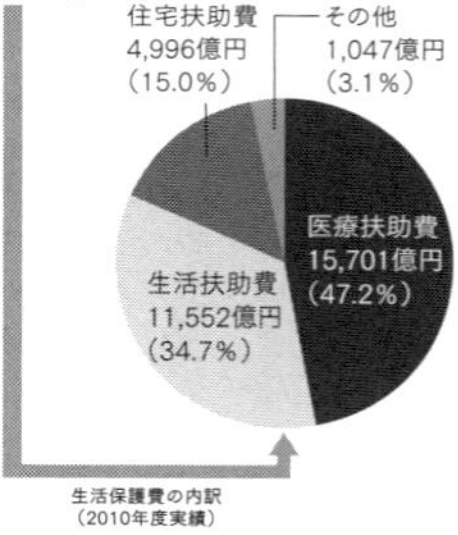


＊2010年度までは実績額、2011年度は補正後予算額(前年度清算交付分除く)、2012年度は当初予算額

資料：生活保護費負担金事業実績報告
出所：財政制度分科会(財務省)2012年

## 図表9　生活保護費の伸び率

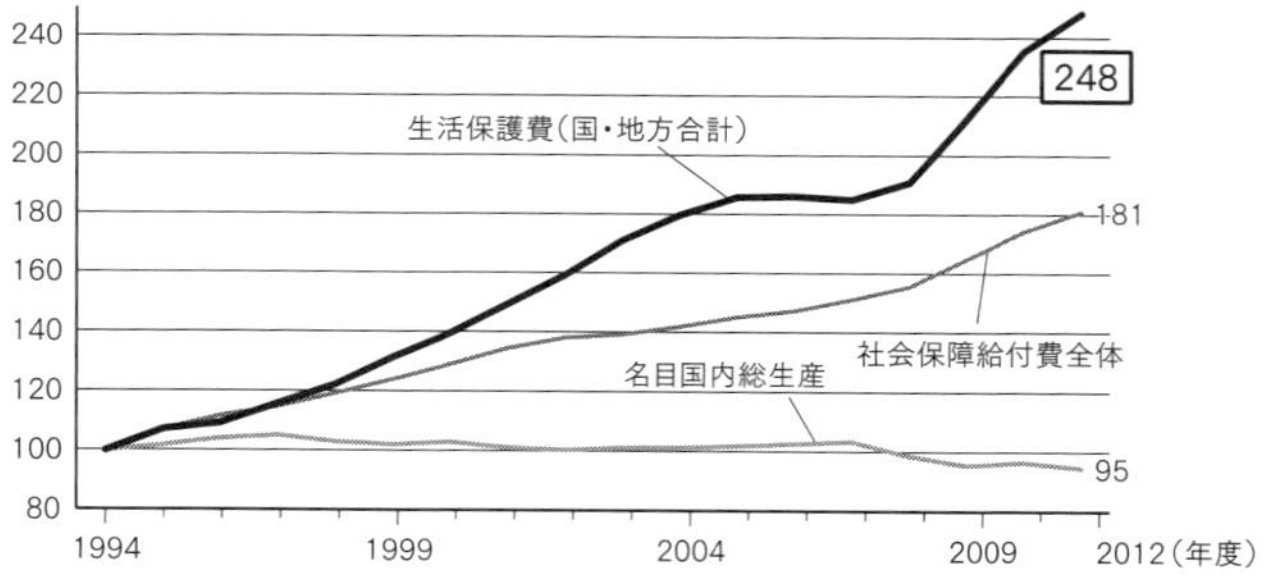


＊生活保護費の2011年度は補正後予算額、社会保障費の2010年度、11年度は当初予算額

資料：生活保護費事業実績報告、厚生労働省社会・援護局調べ、国立社会保障・人口問題研究所及び厚生労働省推計、国民経済計算
出所：財政制度分科会(財務省)2012年

の伸び率は大きなものとなっています。

二〇一二年八月には、自民党・公明党・民主党の三党合意を踏まえて成立した社会保障制度改革推進法の附則において、生活保護制度の見直しが規定されました。不正利用者への厳格な対応、生活扶助などの給付水準の適正化、就労促進などに取り組むこととしています。二〇一三年度予算のいわゆるシーリングのなかで、生活保護をはじめとして社会保障全般に効率化を図ることが閣議決定されています。

二〇一一年十一月の行政刷新会議の仕分けでも生活保護が取り上げられました。会議では「保護基準については、基礎年金や最低賃金とのバランスを考慮し、就労インセンティブを削がない水準とすべき」という提言が行われています。また、医療扶助については、指定医療機関への指導強化、後発医薬品の利用促進と義務づけの検討、翌月償還を前提とした一部自己負担の検討などが提言されました。

これらを総合的に考えれば、見直しは避けられません。


**利用者数ではなく利用率で見るべきだ（日弁連の主張①）**

これに対して、日弁連は「単純に利用者数で比べるのはおかしい」と批判します。過去最高の利用者数となっているかどうかではなく、利用率で比較すれば「史上最高とはいえない」というのです。

最高利用率が記録された一九五一年度と比べると、現在の人口は約一・五倍に増えています（図表10）。利用率で見れば、当時の三分の二にすぎません。

仮に利用率を一九五一年度並みの二・四パーセントにすると、二〇一一年度の利用者数は三〇四万八〇〇〇人となりますが、実際には二〇五万人です。けっして「増えている」と言いきれる状態ではありません。

また、日本では人口の一・六パーセントしか生活保護を利用しておらず、先進諸外国よりもかなり低い利用率です。しかも、図表11のとおり、生活保護を利用する資格のある人のうち、現に利用している人の割合（捕捉率）は二割程度にすぎません。残りの八割、数百万人もの人が、生活保護から漏れているのです。仮に日本の捕捉率をドイツ並みに引き上げると、利用者は七一七万人になる計算です。二〇一二年に入ってから全国で起きている「餓死」「孤独死」事件発生の背景には、こうした生活

**図表10　生活保護の利用率**

| | 2011年度 | 1951年度 |
|---|---|---|
| 人口 | 1億2,700万人 | 8,457万人 |
| 生活保護利用者数 | 205万人 | 204万6,000人 |
| 利用率 | 1.6% | 2.4% |

出所：日弁連パンフレット

**図表11　利用率・捕捉率の比較（2010年）**

| | 日本 | ドイツ | フランス | イギリス | スウェーデン |
|---|---|---|---|---|---|
| 人口 | 1億2,700万人 | 8,177万人 | 6,503万人 | 6,200万人 | 941万5,570人 |
| 生活保護利用者数 | 199万8,957人 | 793万5,000人 | 372万人 | 574万4,640人 | 42万2,320人 |
| 利用率 | 1.6% | 9.7% | 5.7% | 9.27% | 4.5% |
| 捕捉率 | 15.3〜18% | 64.6% | 91.6% | 47〜90% | 82% |

資料：『生活保護「改革」ここが焦点だ！』（あけび書房）
出所：日弁連パンフレット

保護の利用率・捕捉率の低さが影響していると考えられます（『生活保護「改革」ここが焦点だ！』生活保護問題対策全国会議監修、あけび書房）。

さらに、日本では生活保護予算が国や地方の財政を圧迫していて、これを引き下げないと財政が破綻するかのようにいわれることがあります。しかし、日本の生活保護費（社会扶助費）のＧＤＰにおける割合は〇・五パーセント。ＯＥＣＤ加盟国平均の七分の一にすぎません（図表12）。諸外国に比べて、極端に低いのです。

**〈論点②〉生活保護基準は高すぎるのか**

**生活扶助費を減額すべきである（財務省の主張②）**

生活扶助費とは、利用者の食費、被服費、光熱費などの日常生活に必要な経費に対応する扶助費のことです。所在地域に応じて六段階の基準があり、都市部は高く、地方は少し低

**図表12　各国の社会扶助費のGDPに占める割合比較（1995年）**

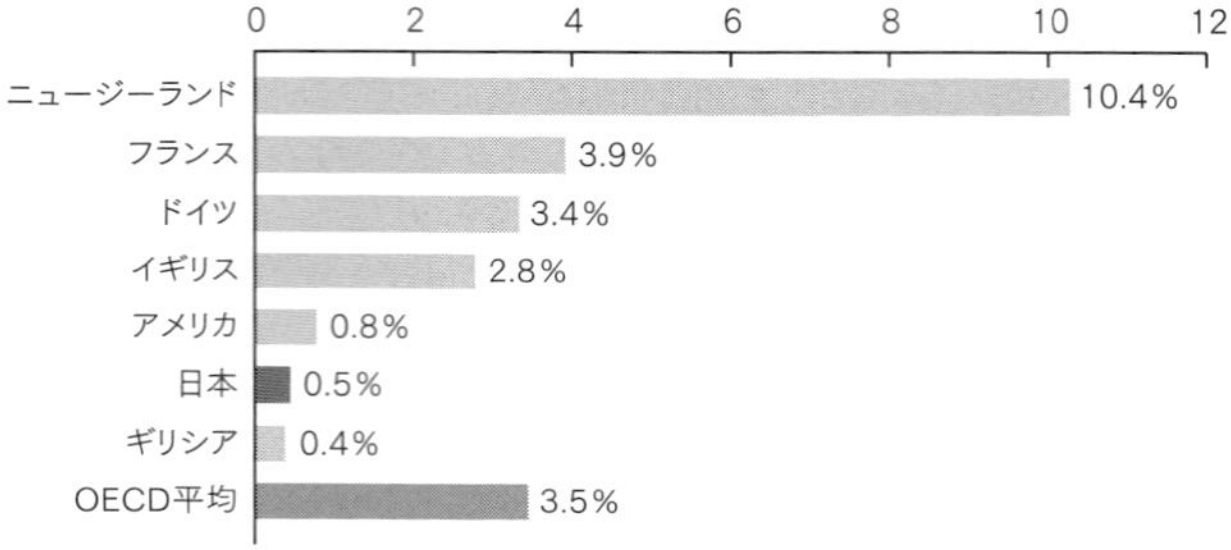
0
2
4
6
8
10
12
ニュージーランド 10.4%
フランス 3.9%
ドイツ 3.4%
イギリス 2.8%
アメリカ 0.8%
日本 0.5%
ギリシア 0.4%
OECD平均 3.5%

資料：Survey of Social Assistance in OECD Countries（世界銀行）
出所：日弁連パンフレット

くなっています。このほか、個別事情に対応するために、障害者世帯や母子世帯などに加算があります。基準は、厚生労働省が大臣告示というかたちで定めています。

生活扶助の算定方法は、そのつど、生活保護世帯と一般世帯の家計の状況を鑑《かんが》みて改定されており、長い歴史を経《へ》て現在に至りました。現行の方法は「水準均衡方式」と呼ばれ、五年に一回、一般低所得者の消費実態との均衡、毎年度の民間最終消費支出の伸び率の二つを検証して改定しています。

一般低所得者の定義は、総務省の消費実態調査のなかで全国民を所得階層別に十分位に分け、その一番下の所得階層（第1・十分位）のことです。

二〇〇八年の検証では、生活扶助基準額が、生活保護を受けていない一般低所得者の消費実態と比べて、

PHP SHINSHO

PHP新書

PHP研究所

# 学ぶ心

学ぶ心さえあれば、万物すべてこれわが師である。
語らぬ石、流れる雲、つまりはこの広い宇宙、
この人間の長い歴史、
どんなに小さいことにでも、
どんなに古いことにでも、
宇宙の摂理、自然の理法がひそかに
脈づいているのである。
そしてまた、人間の尊い知恵と体験が
にじんでいるのである。これらのすべてに学びたい。

松下幸之助

夫婦子一人世帯で一・一パーセント、六十歳以上の単身世帯では一割強高くなっているという結果が出ました。

二〇〇九年の総務省の調査では、一般低所得者の夫婦子一人世帯の消費実態は全体で一五万円弱です。生活保護で別途支給されている家賃や医療費、教育費を除くと、生活扶助基準はこの額よりも高いとの検証結果が出ました。

検証結果を細かく見ていくと、多人数世帯ほど、生活扶助基準が一般の方と比べて高くなっています。また、高齢者層や都市部において、相対的に高めになっているという検証結果もあります。第1・十分位という消費実態と比較するのは、二〇〇八年に初めて採用された考え方です。しかし、生活保護利用者の全人口に占める割合が六〇分の一ということを考えると、たとえば第1・五十分位の消費実態と比較することも検討すべきではないでしょうか。ちなみに、第1・五十分位の消費実態は一四万円弱、第1・十分位と比べて月額で一万円ほど低い水準になります。

次に、毎年度の改定について見てみます。

二〇〇三年から二〇一二年の民間最終消費支出の推移を見ると、この十年間で五パーセント弱、下落しています。しかし、生活扶助基準は、それと比べて一・一パーセントほどしか

| スウェーデン<br>社会扶助 | イギリス<br>所得補助（IS） | アメリカ<br>補足的栄養支援<br>（SNAP） | 日本<br>生活保護 |
|---|---|---|---|
| 18歳～64歳 | 16歳～59歳 | 生活に困窮する者 | 生活に困窮する者 |
| ・生活費、住宅費<br>→現金給付<br>・医療・介護<br>→ほかの制度で対応 | ・生活費<br>→現金給付<br>・住宅・医療・介護<br>→ほかの制度で対応 | ・食料購入費<br>→現物給付<br>・住宅・医療・介護<br>→ほかの制度で対応 | ・生活費、住宅費<br>→現金給付<br>・医療・介護<br>→必要なサービスを提供 |
| 地方自治体 | 国 | 国・地方自治体 | 国・地方自治体 |
| ・食費、衣料費等相当<br>→全国統一基準<br>・住宅・電気代等相当<br>→地方自治体が設定 | 全国統一基準<br>（地域差なし） | 全国統一基準<br>（地域差なし） | 全国統一基準<br>（級地を通じて地域差を反映） |
| 所得・資産を調査 | 所得・資産を調査 | 所得・資産を調査 | 所得・資産を調査 |
| － | 一定額を控除 | 一定割合を控除 | 就労収入に応じて<br>一定額を控除 |
| ・家具備品<br>・居住用不動産<br>※処分価値が著しく大きい場合は売却 | ・16,000ポンドまでの資産<br>（預貯金、給与収入など） | ・2000ドルまでの資産<br>※高齢者・障害者世帯は3250ドルまで | ・家具備品<br>・居住用不動産<br>※処分価値が著しく大きい場合は売却 |
| 44,160円 | 30,008円 | 15,800円 | 64,870円（地方郡部）<br>～83,700円（都区部） |
| 281.1万円 | 220.7万円 | 289.3万円 | 263.7万円 |

資料：諸外国における公的扶助制度等の調査研究報告書（野村総合研究所）、我が国の生活保護制度の諸問題にかかる主要各国の公的扶助制度の比較に関する調査報告書（ＵＦＪ総合研究所）、ドイツ・フランス・イギリスの失業扶助制度に関する調査（独立行政法人労働政策研究・研修機構）、アメリカ農務省ホームページ、OECD　National Accounts 2003-2010

出所：財政制度分科会（財務省）2012年

下がっていません。引き下げられたのは二〇〇五年、〇六年の二回だけです。このため、現状では乖離《かいり》が生じています。

また、各国の所得保障水準を比較すると、欧州諸国は三万円台から四万円台なのに対し、アメリカは一万六〇〇〇円ぐらいとかなり低い水準になっています（図表13）。一方、日本では一人当たり六万から八万円です。ほかの制度などもあるので、これだけをもって一概に比較できないという指摘もありますが、一人当たりの国民所得は

**図表13　諸外国の公的扶助制度の比較**

| 各国の制度 | フランス<br>積極的連帯所得（RSA） | ドイツ<br>社会扶助 |
|---|---|---|
| 対象者 | 25歳〜 | 生活に困窮する者 |
| 給付内容 | ・生活費、住宅費<br>→現金給付（家賃が生じない場合などは減額）<br>・医療・介護<br>→ほかの制度で対応 | ・生活費、住宅費<br>→現金給付<br>・医療・介護<br>→必要なサービスを提供 |
| 財源 | 国・地方自治体 | 国・地方自治体 |
| 基準設定 | 全国統一基準<br>（地域差なし） | 地方自治体が独自の基準を設定 |
| 調査対象 | 所得調査のみ | 所得・資産を調査 |
| 就労収入との関係 | 一定割合を控除 | 一定割合を控除 |
| 保有可能な資産 | 限度なし | ・家具備品<br>・居住用不動産<br>※処分価値が著しく大きい場合は売却 |
| 所得保障水準 | 39,207円 | 34,398円 |
| 1人当たり国民所得 | 213.1万円 | 214.6万円 |

注1：ドイツ、イギリスは2008年度、フランス、スウェーデンは2009年度、アメリカ、日本は2011年度の水準
注2：邦貨換算レートは、1ユーロ＝98円、1スウェーデン・クローネ＝12円、1ポンド＝124円、1ドル＝79円とする

大きな差がないなかで、日本の生活保護の給付水準は高水準にあるといえるでしょう。引き下げはやむをえないと考えます。

**生活保護基準引き下げは多くの国民に影響が及ぶ（日弁連の主張②）**

基準の引き下げは、多くの国民に影響が及びます。生活保護利用者だけでなく、国民全体の問題なのです。

生活保護基準は、非課税限度額などさまざまな低所得者対策

第4章　各論対決「適正化モデルvs人権モデル」

制度と連動しています。基準の引き下げは利用者だけの問題ではありません。生活保護を利用していなくても、基準の引き下げに伴い、個人負担が増加したり、いままで受けられていたサービスが受けられなくなるおそれがあるのです。

【生活保護基準引き下げの影響】

①住民税の非課税限度額が下がり、いままで非課税だった人が課税される。

②非課税だと安くすんでいた負担が増える（介護保険料、医療費上限、保育料、一部自治体の国民健康保険料など）。

③保護基準に基づいて利用条件を設定している施策を利用できなくなる。

（全国）介護保険利用料・保険料の減額、障害者自立支援利用料の減額、生活福祉資金の貸付、就学援助給付

（一部自治体）地方税の減免、地方税滞納処分の禁止、国民健康保険料の減免、国民保険医療費負担の減免、公立高校授業料減免、公営住宅家賃減免、自治体の公的貸付

また、「生活保護基準が最低賃金や年金より高いのはおかしい。基準を引き下げるべき」という議論がなされることがあります。しかし、生活保護基準は、生存権の内容である「健康で文化的な最低限度の生活」を維持するために必要な額はいくらかという観点から、一円単位の積み上げで綿密に計算されています。最低賃金や年金が生活保護基準を下回り、生存権が守られていないことのほうが問題です。生活保護費が「高すぎる」のではなく、最低賃金や年金が「低すぎる」のです。

生活保護基準の引き下げではなく、最低賃金、年金額などを生存権が維持できるレベルまできちんと引き上げることで、問題を解消すべきでしょう。

## 〈論点③〉働ける利用者への対応をどうすべきか

### アメとムチ（財務省の主張③）

いったん生活保護に入った人がどれだけ脱却できたかという率を、利用期間に応じた経過で見ていくと、六カ月未満の方が、一番脱却率が高くなっています（図表14）。全世帯平均では五パーセント弱、利用期間が長くなると、どんどん脱却率が下がっていく傾向が顕著です。

生活保護の利用者には、福祉事務所のケースワーカーなどが就労支援を行いますが、就労

## 図表14　保護開始から廃止に至る率（期間別）

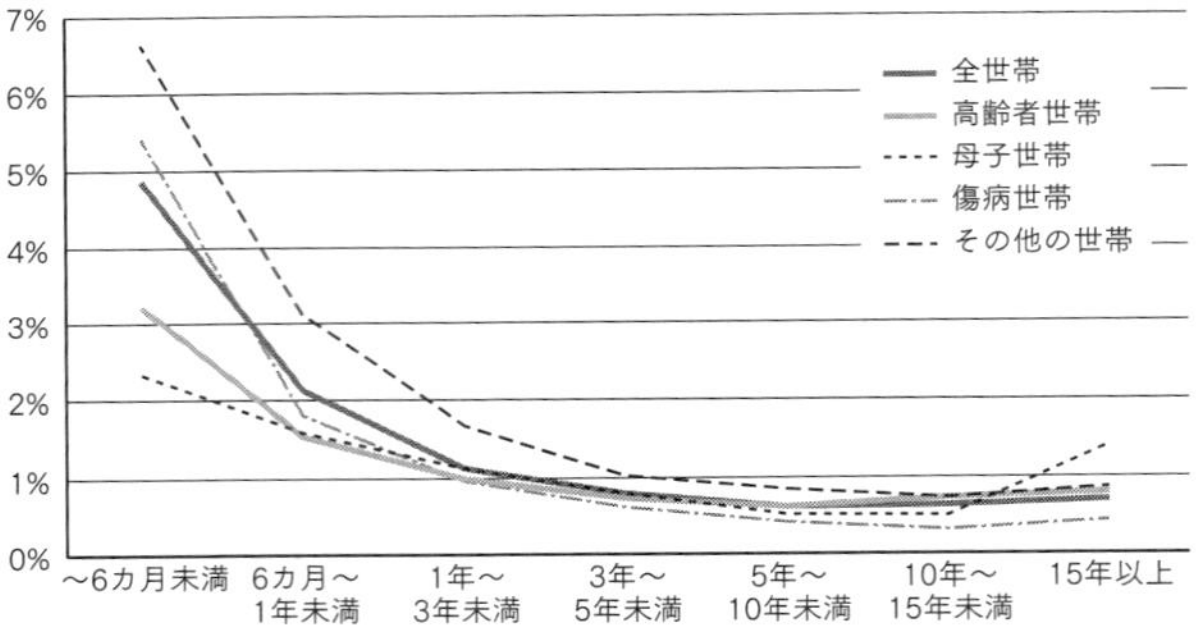


資料：2010年度被保護者全国一斉調査
出所：財政制度分科会（財務省）2012年

に向けたインセンティブが弱いと指摘されています。たとえば、就労して収入を得るようになると、そのぶんが生活保護費から原則、全額引かれてしまい、働いても働かなくても収入に大差がないという問題です。

厚労省では、社会保障審議会で「就労収入積立制度」の検討を行っています。就労収入があった場合、その一定額を仮想的に積み立て、安定就労ができて保護が廃止に至った段階で、一時金としてある程度の額を支給するというものです。財務省でも、モラルハザードが生じないような工夫をすれば、こういった制度も意義があると考えています。

ただし、諸外国における類似の制度を見ると、ドイツでは、生活保護利用者は職業安定所から紹介された仕事を原則として受けなければなりません。拒否した場合には、一定の期間ペナルティが課されることになります。アメリカでも同様の義務が課されており、義務を果たさない場合には廃止処分になります。

わが国も、就労可能であるのに就労努力をしない場合には、保護廃止も可能です。年間一〇〇〇件程度は廃止手続きが行われています。運用のいっそうの厳格化や、保護廃止に至らないまでも、たとえば支給基準の引き下げといった中間的な措置も検討すべきでしょう。

## 働かないのではなく「働けない」(日弁連の主張③)

生活保護を受ける世帯に六十歳未満の稼働年齢層が増えているといっても、その人たちがすべて「働けるのに働かない人」と考えるのは誤っています。

実際、高齢者、母子、傷病・障害者以外に分類されるその他の世帯のうち、約三分の一の世帯は働いています。「働いているが最低生活費以下の給料しか出ない」ために保護を利用しているのです。また、その他の世帯員の約半数は、六十代以上と十代以下で、そもそも働ける人とはいえません。さらに、障害者・傷病者世帯は「世帯主が働けないほどの障害や傷病をもっている世帯」などなので、その他の世帯には、中軽度の障害・傷病などを抱えている人も多く含まれています。

雇用情勢が悪化するなかで、中高年齢者、中軽度の障害や傷病をもつ人、低学歴・無資格の人、人間関係が苦手な人などの「就職弱者」から順に仕事を失い、生活保護を利用するしかないのが実情なのです。

## 〈論点④〉不正受給対策はどうするのか

### 不正受給が増えている（財務省の主張④）

二〇一〇年度の不正受給件数は、摘発されたものが二万五〇〇〇件、金額で約一二九億円となっています。発見されているだけでも相当な規模です。

厚生労働省は、不正受給防止対策をいくつか検討しています。具体的には、福祉事務所の調査権限の強化や罰則の引き上げ、あるいは扶養義務者の説明義務の強化などです。生活保護制度の信頼回復を確保するためにも、不正受給対策にきちんと取り組む必要があります。

### 不正受給は増えていない（日弁連の主張④）

不正受給の件数や金額が年々増え、不正受給が横行しているかのような報道がされています。しかし、不正受給の件数などが増えているというよりも、生活保護利用者が増えていることに伴う数字の変化にすぎないのです（図表15）。

不正受給の割合で見ると、件数ベースで二パーセント程度、金額ベースで〇・四パーセント程度で推移しており、大きな変化はありません。また「不正受給」とされている事例のなかには、高校生の子どものアルバイト料を申告する必要がないと思っていたなど、不正受給とすることに疑問のあるケースも含まれています。

もちろん、悪質な不正受給に対しては厳しく対応すべきですが、そういうケースはごくわずかな例外です。数字を冷静に見れば、数百万人もの人が生活保護受給から漏れていることのほうが大きな問題といえるでしょう。

### 双方の視点から見えてくるもの

図表16は、財務省と日弁連の主張を一覧にしたものです。

**図表15　不正受給件数、額の変化**

| 年度 | 2008 | 2009 | 2010 | 2011 |
|---|---|---|---|---|
| 生活保護利用世帯数 | 159万2,629人 | 176万3,572人 | 195万2,063人 | 206万7,244人 |
| 生活保護費総額 | 2兆7,006億円 | 3兆72億円 | 3兆3,296億円 | 3兆5,016億円 |
| 不正受給件数 | 18,623 | 19,726 | 25,355 | 35,568 |
| (全体に占める率) | 1.62% | 1.54% | 1.80% | 1.72% |
| 不正受給額 | 106億1,798万円 | 102億1,470万円 | 128億7,425万円 | 173億1,299万円 |
| (全体に占める率) | 0.39% | 0.34% | 0.38% | 0.49% |

出所：日弁連パンフレット、平成24年度社会・援護局主管課長会議資料（厚生労働省）をもとに著者作成

## 図表16　生活保護をめぐる四つの論点

| | 適正化モデル（財務省） | 人権モデル（日弁連） |
|---|---|---|
| 生活保護の急増は財政破綻を招くのか | ①利用者数は史上最高を更新中<br>②社会保障給付費全体でもダントツの伸び率<br>③政府でも削減に向けた取組が必要と判断 | ①利用率は過去最高値の２／３の水準<br>②問題なのは捕捉率の低さ（約２割）<br>③諸外国に比べ生活保護予算は低額 |
| 生活保護基準は高すぎるのか | ①一般低所得者に比べ、生活扶助費は高止まり<br>②民間最終消費支出の下落が反映されていない<br>③諸外国に比べると給付水準が高い | ①基準の引き下げの影響は多方面に及ぶ<br>②生活保護が高いのではなく、最低賃金や年金が低すぎる |
| 働ける利用者への対応をどうすべきか | ①利用期間が長くなると脱却率が下がる<br>②就労インセンティブとして「就労収入積立制度」を導入し、就労を拒否する場合はペナルティを用意（アメとムチ） | ①若年層の増加は雇用情勢の悪化が原因<br>②中高年齢者、障害や傷病をもつ、低学歴・無資格などの就職弱者が多い |
| 不正受給対策はどうするのか | ①不正受給件数は発見されているだけでも相当な規模<br>②調査権限の強化、罰則の引き上げ、扶養義務者の説明義務の強化などの対策が必要 | ①不正受給は全体の0.4％<br>②不正受給には高校生のアルバイトの無申告など悪質でないものも含まれる<br>③扶養義務の強化は利用のハードルを上げる |

財務省と日弁連は、それぞれ適正化モデル、人権モデルの価値観に基づいて議論を行っています。ですから、数値についても、それぞれの主張を強調するようなものを重要視し、そうでないものは議論の素材としては扱いません。裁判と同じです。

生活保護の問題を扱うときには、双方が重要視する視点を組み合わせることで、初めて現状が浮かび上がってきます。片方のモデルの話だけで判断するのは危険です。

たとえば、生活保護利用者の増加については、どうしても目先の数に注目しがちです。史上最高という言葉は、それだけのインパクトをもっています。しかし、利用率に着目すれば印象は大きく変わります。これは不正受給についても、同様のことがいえるでしょう。

保護基準については、一律にはいえないものの、諸外国に比べるとどうも金額は高いらしい。しかし、予算額は少ない。捕捉率が低いという情報と組み合わせれば、「日本では、一部の人が比較的水準の高い生活保護費を受け取っている一方で、条件には合致するものの利用しない人が相当数いるようだ」と推測することができます。

また、若い生活保護利用者に早期の支援をすれば、保護から脱却できる可能性が高いこと、そうはいっても、厳しい雇用情勢のなかで、本人の自助努力を求めるにも限界があるといったこともわかってくるでしょう。

どちらがいい、悪いではなく、まずは異なる立場の意見をしっかりと聞いて、その内容を吟味《ぎんみ》することが大切です。

そのうえで、いま、何が求められているのか。いよいよ核心に入っていきましょう。

第5章

# 生活保護ではなく貧困の話をしよう

## 東日本大震災以降の現状

生活保護は派遣村をきっかけにして、間口が大きく広がりました。「市民団体が国を動かした」と報道機関が評価したこともあり、生活困窮者の相談に乗り、福祉事務所に同行する活動が全国各地で行われるようになります。

しかし、東日本大震災が起こり、社会の目が貧困問題から震災へと移るなかで、多くの支援者は貧困の現場を去っていきました。第二のセーフティネットも有効に機能せず、生活保護が「最初で最後のセーフティネット」となり、福祉事務所がその責任を一手に引き受けることになったのです。

図表17は、ケースワーカーが担当する世帯数の推移を示しています。ケースワーカーの担当世帯数は、都市部では一人八〇世帯、郡部では六五世帯です。一人当たりの担当ケース数は二〇一二年まで一貫して増加傾向にあり、とくに、リーマンショックがあった二〇〇八年から〇九年にかけて、大きく増えました。グラフでは担当数が少ない郡部も合計されているため、都市部ではもっと多くの担当を抱えています。一人で一二〇世帯を担当するのは当たり前、多い人では一五〇を超えることさえ珍しくはありません。きめ細かい支援など、期待

## 図表17　被保護世帯数及びケースワーカー数の推移

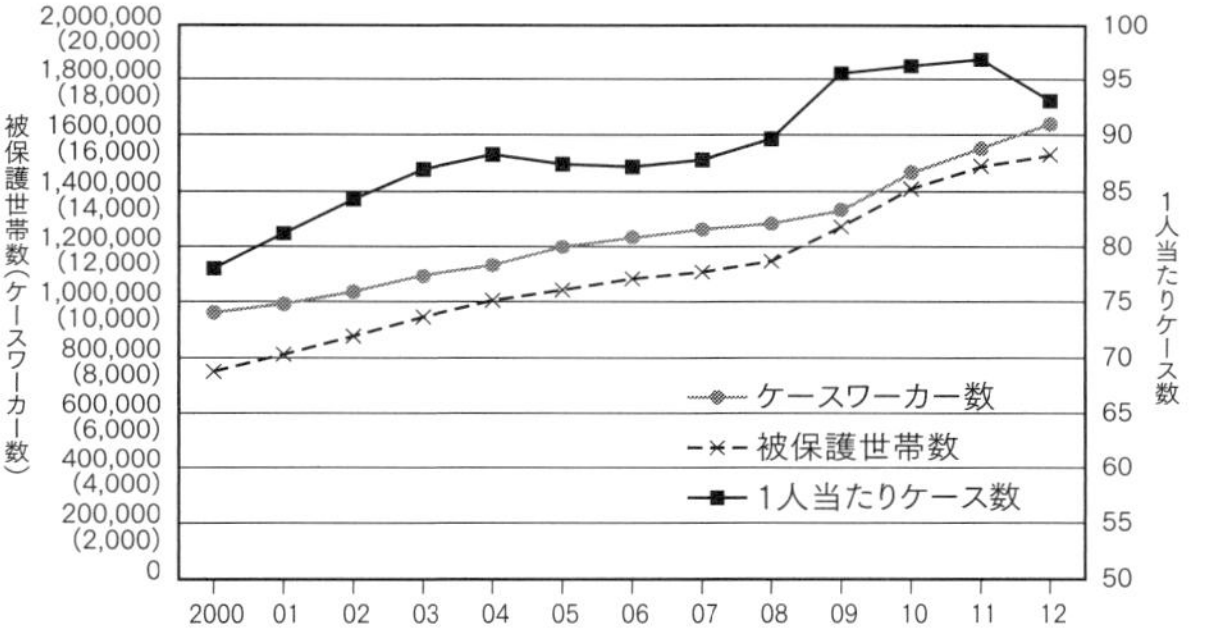


資料：福祉行政報告例、監査資料、地方公共団体定員管理調査（総務省）、保護課調べ
出所：財政制度分科会（財務省）2012年

できるはずもないのです。

歯止めがきかないまま増えつづける生活保護の利用者。いったい、どこまで増えるのか。日本弁護士連合会が主張するように、「本来利用できるはずの人が利用できていない」ということを前提とすれば、利用者はさらに多くなります。当然、予算も何倍にも膨らむことになる。二倍、三倍になってもおかしくはありません。

最終的にそれを負担をするのはだれか。国ではなく、納税者です。

これは、生活保護だけでなく、年金や医療などの社会保障全般に関わる問題でもあります。少子高齢化で高齢者は増える一方、働き手は減っている。働き手のなかでも安定した仕事に就いている人の割合はどんどん減り、二十代では二人に一人は非正規の仕事。自分の食べるぶんもカツカツという人が少なくないのが現状です。そうしたなかで、なぜ生活保護だけが優遇されるのだ。オレたち、私たちの生活はどうなるのだという声が出てきました。

こうした声は、もっぱら感情的なものではあるのです。しかし、私は感情というのはとても大切なものだと考えています。残念ながら、人権モデルはこうした感情をもつ人に対して説得力のある言葉をもちえませんでした。

人権モデルの立場でよく使われるものに、「私たちの声を聞いてください」という言葉があります。官邸前でデモをしたり、シンポジウムを開いたりして、私たちはこれだけ困っているとアピールする。たしかに、貧困問題が再発見される段階では、当事者に意見をいってもらうことは効果がありました。苦しい生活や、日々感じる差別や偏見への気持ちを話していただくことは、辛く、勇気のいることです。私も何度か集会に参加したことがありますが、それぞれの思いを聞き、心が動いたことは一度や二度ではありません。

しかし、「困っている人はたくさんいる」ということが社会で共有されているなかで、それを続けているとどうなるでしょうか。

現在の日本は、同情疲れともいうべき状態になっています。悲惨な話が多すぎて、無感覚になりつつあるのです。

ある新聞社のインタビューを受けているときに、記者が「ああいうことをする元気があるなら、働けよと思うんです」とボソリといっていました。こういった声に人権モデルはどれだけ耳を傾けているのだろう、と思うのです。

## 「私たちは、それを考える立場ではない」

二〇一〇年に、厚生労働省は「生活保護受給者の社会的な居場所づくりと新しい公共に関する研究会」という会合をつくりました。委員は生活困窮者支援に取り組むＮＰＯや学識経験者を中心に構成され、生活保護の利用者に対してどのような支援をすべきかについて議論されました。私も時間をつくり、何度か研究会での議論を傍聴しています。その席上で、厚生労働省の保護課長（生活保護の元締めのような人です）から委員に対してこんな投げかけがありました。

就職を希望するが結びつかない人、就労意欲を失って孤立する人に対して、一般就労だけでなく、社会とのつながりを結びなおす支援が求められている。そのことは、皆さんの話を聞いていてよくわかる。ただ、必要な予算を確保するためには、財務省が納得するような説明ができないといけない。財務省が求めるのは、「その事業が、ほんとうに税金をかける価値があるのか」という点だ。説得力のある説明をするためには、費用対効果のような数字がいる。しかし、現場を知らない私たちはどうすればいいかがわからない。皆さんからの意見を聞きたい――そう、真剣に訴えかけていました。

私は、ちょっとだけ感動していました。自分たちに足りないものがあることを認め、素直に助けを求めることは、なかなかできることではありません。偉くなればなおさらです。皆さんの意見を聞いて、しっかりといいものをつくっていきたい。保護課長の言葉からは、そうした熱い思いを感じ取ることができました。

問いかけに対して、あるNPOの代表者が口を開きました。

「それは、私たちの立場と違いますから」

語り口は柔らかかったものの、私は、切って捨てるような印象をもちました。相容れない立場の人の気持ちに寄り添い、その人の立場で考え、どうしたらいいのかを考える。それは、NPOが何度も何度も行政に対して求めていることではないのか。それを、「私たちと一緒に考えてください」といわれたとたんに、「私たちは、それを考える立場ではない」という。

自分たちの声（意見）は聞いてほしいけれど、相手の声（意見）は聞きたくない。これでは、コミュニケーションは成立しません。自分と同じ意見の人とだけ付き合い、異なる意見の人を「あの人の考え方はおかしい」「自分とは違う」と排除していては、共感は広がらない。私は、そう思うのです。

## 適正化モデルは力をもちつづけるのか

東日本大震災以降、報道は震災一色となり、ネットカフェ難民や派遣切りにあった若者はテレビや新聞から姿を消していきました。

その後、代わって登場したのが、「働ける若者が生活保護を利用している」という切り口の番組です。奮闘するケースワーカーに対して、動こうとしない利用者。その先鞭《せんべん》が、NHKスペシャルで放映された『生活保護3兆円の衝撃』でした。

さらに、二〇一二年には、芸能人の母親が生活保護を利用していることがわかり、報道は手のひらを返したように、生活困窮者へのバッシングを始めます。「もらえるもんはもろうとけばええんや」という言葉への反発、国民の声を反映するようにして、生活保護法の改正案が提出されることになりました。

しかし、適正化モデルがこのまま力をもちつづけるのかという点については、私は疑問をもっています。

小野市の条例が施行されたとき、何人かの記者から取材を受けました。そのときに、こんなことを聞いてみたのです。

「もし、小野市で孤立死が起きたらどうしますか？」

記者の答えは、簡単です。

「そりゃあ、徹底的に小野市を叩くでしょう」

孤立死事件が相次いで市民団体や報道機関が問題視する前は、北九州市は生活保護の優等生といわれていました。怠け者や不正をする人を排除したい。そのために、とにかく窓口の審査を厳格にする。その結果、ふつうの人が見たらこの人は生活保護で救わなければおかしいという人まで窓口で追い返し、孤立死という最悪の事件を引き起こしてしまいました。

北九州市で「おにぎり食べたい」といって亡くなった方は、福祉事務所の就労指導が嫌になって、みずから生活保護を辞退しました。北九州市も、検証報告書を受けて誤りを認め、利用者の立場に立った運用を心がけると宣言しました。

同じことが起きないと、どうしていえるでしょうか。

## 制度を厳しくすることの副作用

適正化モデルの問題は、制度を厳しいものにすればするほど、ほんとうに救わなくてはならない人たちを切り捨ててしまうという点にあります。

適正化モデルの典型として、「生活保護は真に必要としている者に限定する」という言い方があります。言葉を裏返せば「必要のない人が利用することは許さない」ということです。しかし、これを実行するのは容易なことではありません。

ズルをしようとする人は、つねに制度の欠陥を探しています。たとえば、今回の法改正のみをもって、高額所得者が親に生活保護を利用させる事例を防ぐことは難しいでしょう。制度を悪用しようとする人にとって、申請書類を揃えることを要件とし、扶養義務者への説明を義務づけても、残念ながらほとんど意味をもちません。

しわ寄せがいくのは、ふつうに生活保護を利用している人たち。正直者の生活は厳しくなる一方で、ズルをしている人の生活は変わらないのです。

また、制度を厳しくすることによる副作用も見逃せません。

扶養の問題でいえば、こんな話があります。三十代の男性で生活保護を利用している人がいます。なんとか再就職をしたいと就職活動を続けているなかで、扶養義務の強化の話がニュースで流れてきました。じつは、その男性の両親も生活保護を受けています。もし仕事が決まって生活保護から脱却できたとしても、男性は、今度は両親の扶養を求められることになるでしょう。

就職しても生活はよくならない。それなら就職活動なんかやめてしまおう。開きなおって、ずっと生活保護を利用しよう。

現場を歩いていると、そういう話が聞こえてきます。

## 保護の廃止は社会の不利益となる

昼間から酒を飲んでパチンコに入り浸っているような人、「俺は生活保護を受けているんだ、文句があるか」と周りに吹聴してまわっているような人、皆が眉をひそめるような怠惰《たいだ》な生活をしている人、生活保護利用者のなかにはこうした人がいるのも現実です。では、生活態度が悪いから、怠け者だからと保護を廃止できるかといえば、そんなに簡単な話ではないのです。

残念ながら、周囲に迷惑をかけてもなんとも思わないような人は、まともな仕事はできません。雇ってくれる職場はないのです。そんな人の生活保護を廃止してしまうと、結果は四つしかありません。死ぬか、罪を犯して刑務所に行くか、ホームレスになるか、精神的な症状が悪化して精神病院に入院するか――この、いずれかです。

この四つの選択肢は、どれも社会に不利益を与えます。

自殺対策基本法の「自殺対策は、自殺が個人的な問題としてのみとらえられるべきものではなく、その背景に様々な社会的な要因があることを踏まえ、社会的な取組として実施されなければならない」という基本理念を引くまでもなく、自殺に追い込むような社会政策は許されることではありません。

刑務所に行くほうが生活保護を出すよりも税金はたくさんかかりますし、ホームレスが増えれば治安が悪化してたくさんの警察官を配置しなければなりません。精神病院に入院することになれば、月に四〇万円もの医療コストが発生することになります。

明らかにまずい結果になることがわかっているのに、保護を廃止にすることはできません。結局、生活保護を続けるしかない、ということになる。

正直なことをいえば、「こいつが生活保護なのはおかしい。法律が間違っている」と思ったことは、私にもあります。なぜ貴重な税金を使って、こういう人間を養わなければならないのか。そういう気持ちを、一人の人間として、一度も抱いたことがないといえば嘘になります。しかし、それはやってはいけないことだと法律が歯止めをかけているのです。

働かないから生活保護は廃止です。でも、その後の生活はどうするの――。適正化モデルでは、その部分をどうやってフォローしていくかというところまで考えが及びません。あるいは、見て見ぬふりをします。責任のある立場の方で、「いうことを聞けない怠け者は死んでもいいのだ」と宣言した人は見たことがありません。そうであるならば、「その後のこと」はしっかり考えなければならないはずです。

## 合意できるところからスタートする

こうして見ていくと、人権モデルにしても適正化モデルにしても、もっともだと思う点や合理的な意見もある一方で、単一のモデルでは解決しえない課題があることがわかってきます。

ディベートのようにお互いの弱点を叩き合い、国民の感情をうまく汲み取ることができた側が、自分たちの思うように制度をつくりかえる。数年単位で立場が逆転し、そのたびに制度は激しく揺れ動く。これでは現場は疲弊《ひへい》し、制度への信頼は失われてしまいます。

それは、だれにとっても不幸なことです。

いままでの生活保護の議論では、争点となっている部分にばかり焦点が当たり、「合意がとれている課題をどのように解決していくか」という当たり前の議論がなおざりにされていました。自分の主張を通すことばかりにこだわるのではなく、現実的に解決可能な、多くの人が合意できる課題から優先的に取り組んでいく――私はこの考え方を、「統合モデル」と名づけました。

統合モデルにしたがって考えると、人権モデルに立つ人には、「利用者の権利もたしかに大切ですが、負担をしていただいている皆さんの理解を求めることも、同じくらい大切ではありませんか」と声をかけることができるでしょう。適正化モデルを説得するためには、費用対効果や業務の効率化による行政費用の削減などを具体的に示すことが有効であることを伝え、実情を知らない人にも納得してもらえる方法を一緒に考えようと呼びかけます。

適正化モデルに立つ人には、「財政のことを考えることも大切ですが、利用者の実情も丁《てい》寧《ねい》に見ていきましょう」と声をかけます。人権モデルと議論をするためには、統計データだけでなく、一つひとつの数字のもととなる利用者一人ひとりの生活にまで心を配る必要があるのです。一緒に現場に出て、利用者の声を聞こうと誘います。

このように、統合モデルでは、現実に立脚しながらだれもが想像できる、「頑張れば手が届きそうな、いまよりはちょっとだけましな社会」を描くことを大切にします。いきなり一〇〇点満点をめざすのではなく、かといって諦めて投げ出すのでもなく、第三者的に「あるべき論」を語るのでもなく。多くの人の意見に耳を傾け、「これはいいよ。やろう」と意見がまとまっているところから、まずは一歩、踏み出すことを大切にするという考え方です。

### なまくらな「統合モデル」

統合モデルには、残念ながら人権モデルや適正化モデルのような、切れ味はありません。孤立死や不正受給のような刺激的な事件を取り上げて、現在の体制を批判するよりも、日々の実践を通じて、不正受給には縁のない、どこにでもいる「ふつうの」生活保護利用者の気持ちに寄り添うことを優先するからです。だれかを攻撃して足りない部分をあげつらうよりも、その人のよいところを見つけ、何ができるかを一緒に考えていくことを大切にします。

また、基準の引き下げのような決定的な対立がある部分にも、残念ながら統合モデルは有効に機能することができません。おろおろしながら、人権モデルや適正化モデルの顔をうかがい、どうにか、うまくまとめることはできないかと心配します。

いわば、中間管理職のような存在です。

しかし、人権モデルや適正化モデルがそうであるように、統合モデルもまた、生活保護制度に対する熱い思いをもっています。利用者の声を聞き、現場の苦労をねぎらい、人権を守るべきだという弁護士の言葉にうなずき、これ以上の財政負担は勘弁だという金庫番に頭を下げる。このような調整コストを支払う人間がいなければ、物事はうまくいかないし、だれもが納得できる制度運営はできないことを知っているのです。

統合モデルでは、つねにこう考えています。

――人権モデルも適正化モデルもその必要性を認め、すぐにやろうと考えるものは何だろう。

それは、利用者の生活を向上させるものだろうか。

厳しい現場にいる職員を元気づけるものだろうか。

多くの国民が感じている生活保護や行政に対する不信感を取り除くことができるものだろうか。

税を納めている人が納得してくれる、それはいいねと満足してくれる、何かいい方法はないだろうか。

何より一番辛い立場にいる人たちのことを忘れないでいよう。

そして、一人でも多くの人に、「生活保護はいい制度だね」「なくてはならない制度だね」といってもらえるようにしよう。

そのために、いま、自分ができることで、しっかりと汗をかこう。

## 貧困を放置することはできない

この本では、これまで「生活保護」という制度を中心に議論をしてきました。しかし、そのなかで何度か「貧困」という言葉を使っています。

私は、生活保護制度の議論をするときには、貧困という言葉にこだわりをもたなければいけないと考えています。

なぜ、貧困にこだわる必要があるのでしょうか。

日本女子大学教授の岩田正美さんは、その著書『現代の貧困』（ちくま新書）のなかで、格差や不平等と貧困との違いについて、こんなことをいっています。


格差や不平等は、さしあたり「ある状態」を示す言葉である。つまり、ある社会においてAチームにいる人とBチームにいる人とに分かれているとか、高所得の人と低所得の人がいる、というような「ある状態」を示す、記述的な言葉である。そうであるから、格差は、それを問題にすることもできるが、「格差があってどこが悪い」という開き直りも可能である。あるいは、格差を問題にする場合も、どのような格差が問題か、という問いを別に立てる必要が出てくる。

これに対して貧困は、「社会にとって容認できない」とか「あってはならない」という価値判断を含む言葉である。また、貧困が「発見」されることによって、その状態を改善すべきだとか、貧困な人を救済すべきだとか、Bチームの中に広がっている貧困を解決すべきだといった、社会にとっての責務（個人にとっては生きていく権利）が生じる。

貧困とは何か、という点にはさまざまな議論があるのですが、ここではさしあたり、「生活保護水準よりも経済的に厳しい状態にある」こととします。

こうした人が増えていくのはまずいよ、という点については、適正化モデルも人権モデルも合意しています。貧困を放置すれば、直接的には生活保護費の増大というかたちで財政に大きな影響を与えます。長期的に見ても、貧困者が多い国が栄えたためしはありません。何らかの対策が必要である、という点では異論はないのです。

## 入り口も出口も広げよう

それでは、貧困を減らすためにはどうすればいいのでしょうか。統合モデルの考えでは、なるべく多くの方が合意できる、現実的な提案をすることをめざします。現状の三つのモデルの考え方を示したものが、図表18です。

人権モデルでは、生活保護行政をめぐる水際作戦の問題をもっとも重要視しています。生活保護の「入り口」の議論です。一方で、利用者をどうやって保護から脱却させるかという点については、相対的に議論が低調です。これでは、生活保護制度は「入りやすいけれど、出口がない」制度になってしまいます。

適正化モデルでは、「入り口を絞り込み、出口を広げる」という制度を志向しています。たしかに、こうした政策をとれば、生活保護利用者数という見かけ上の貧困者を減らすことはできるかもしれません。しかし、貧困者を「見えないようにする」だけでは問題の解決にはつながりません。いずれ矛盾は何らかのかたちで表出し、そのときには、より大きなツケを払わざるをえなくなります。

統合モデルでは、入り口と出口の両面の対策が必要だと考えます。「入り口を広げるとともに、出口も広げていく」ことをめざすのです。

二〇〇四年十二月に発表された「生活保護制度の在り方に関する専門委員会」の報告書では、「入りやすく、出やすい制度へ」変えていくべきであるとの提言がなされました。同委員会は五十年の歴史をもつ生活保護制度において、その在り方を検討するために設置された初めての委員会です。同委員会では、生活保護制度の在り方を、「国民の生活困窮の実態を受けとめ、その最低生活保障を行うだけでなく、生活困窮者の自立・就労を支援する観点から見直すこと、つまり、被保護世帯が安定した生活を再建し、地域社会への参加や労働市場への『再挑戦』を可能とするための『バネ』としての働きを持たせることが特に重要である」としました。

この提言を受けるかたちで、厚生労働省は二〇〇五年四月から「自立支援プログラム」を導入し、利用者の自立支援に向けた取組を強化しています。しかし、現状の取組では十分とはいえませ

**図表18　3つのモデル**

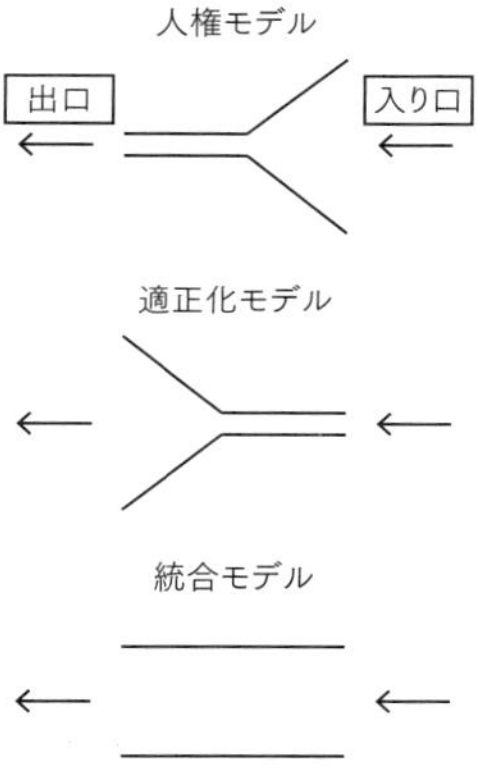

ん。

生活保護を減らすためには、国民一人ひとりが自分の力で生活できるよう、本人の力を伸ばしていくとともに、何度でも挑戦できる社会のしくみをつくっていかなければなりません。生活保護の立場から貧困削減を考えれば、対策は大きく三つに絞られます。

第一に、貧困になる前の予防をしっかりすること。第二に、貧困になったら事態が悪化する前にしっかり支えること。第三に、早期に貧困から脱却できる体制を整えることです。

そして、人権モデルと適正化モデルの双方が、「早急に対策を打つべき」という点で強い合意がある問題があります。

それが、子どもの貧困問題です。

次章では、子どもの貧困という視点から生活保護をとらえなおすことで、これからの貧困対策がめざすべきものを明らかにしていきます。

第6章

# 「子どもの貧困」から制度を読み解く

## 広がりゆく子どもの貧困

二〇一三年六月、第一八三回通常国会において、生活保護法の改正と同時に、ある重要な法律の審議が進んでいました。

子どもの貧困対策法――日本で初めて貧困の名を冠した法律です。生活保護法が廃案になった一方で、同法は衆参両議院で可決、成立しました。

国会では、子どもの貧困を個人の責任としないで、社会の問題として考え、対策に取り組もう。そんな機運が高まっていました。なぜ、子どもの貧困が問題なのか。生活保護にどのような影響を与えるのか、考えていきましょう。

まず、図表19をご覧ください。

相対的貧困率の推移です。二〇〇九年十月に厚生労働省が初めて公表してから、毎年度の推移が示されるようになりました。貧困率は、税と保険料を除いた所得をもとに算出します。すべての世帯の中央値の、半分に満たない所得で暮らしている世帯の割合です。二〇〇九年の貧困率は、全体が一六・〇パーセント、子どもは一五・七パーセントと、年々増えつづけています。国民の六人に一人が貧困状態ということです。

## 図表19　相対的貧困率の年次推移

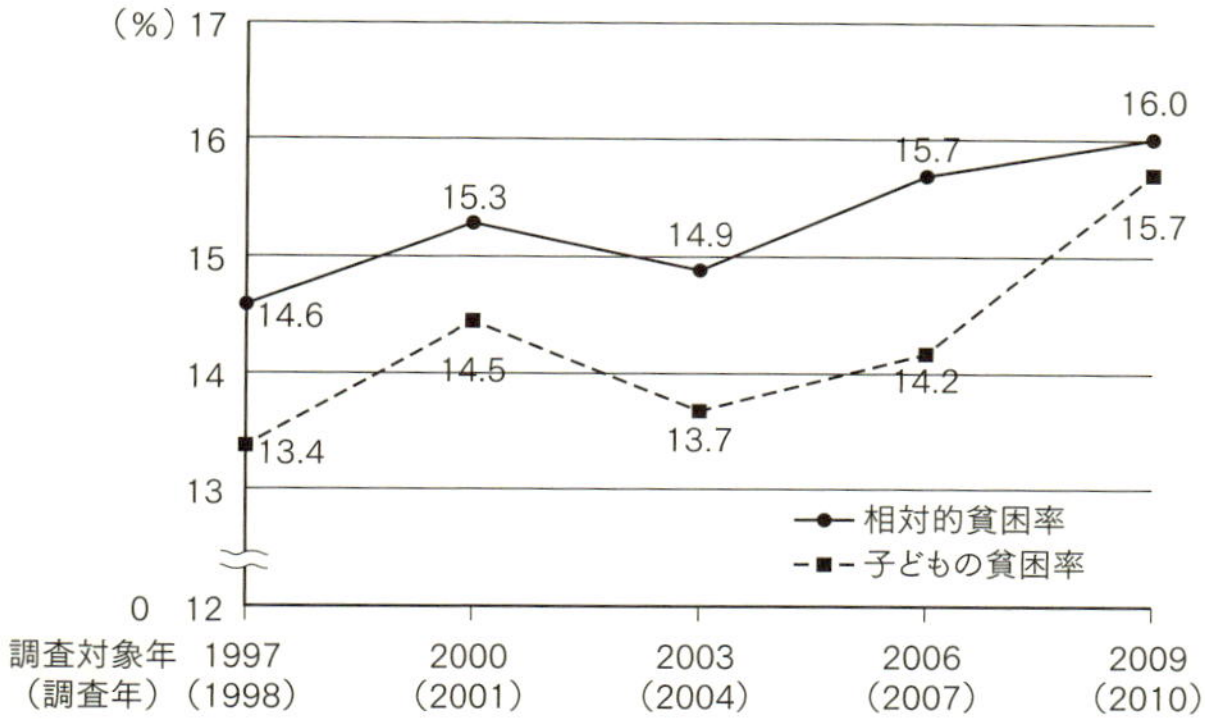

(%)
17
16
15
14
13
12
0
16.0
15.3
14.9
15.7
14.6
15.7
14.5
14.2
13.4
13.7
相対的貧困率
子どもの貧困率
調査対象年
(調査年)
1997
(1998)
2000
(2001)
2003
(2004)
2006
(2007)
2009
(2010)


資料：2010年国民生活基礎調査
出所：社会保障審議会児童部会ひとり親家庭への支援施策の在り方に関する専門委員会（厚生労働省）2013年

図表20は、二〇一二年にOECDが発表した国際比較です。日本は全体が二九位、子どもが二四位となっています。比較に使われたのは二〇〇八年の数値で、二〇〇九年にはさらに貧困率が悪化しています。そのうえ、ひとり親世帯では五四・三パーセント、二人に一人以上が貧困で、格差大国といわれるアメリカを抜いて、先進国では最悪の水準となっています。

こうした子どもの貧困の広がりの背景には何があるのでしょうか。

おもな理由は二つあります。一つは働く親の所得の減少。そしてひとり親世帯の増加です。

経済的な理由により、就学援助を受ける小

## 図表20　貧困率の国際比較（2008年）

| 相対的貧困率 | | | 子どもの貧困率 | | | ひとり親家庭の貧困率 | | |
|---|---|---|---|---|---|---|---|---|
| 順位 | 国名 | 割合 | 順位 | 国名 | 割合 | 順位 | 国名 | 割合 |
| 1 | チェコ | 5.5 | 1 | デンマーク | 3.7 | 1 | デンマーク | 9.9 |
| 2 | デンマーク | 6.1 | 2 | フィンランド | 5.4 | 2 | ギリシア | 12.3 |
| 3 | ハンガリー | 6.4 | 3 | ノルウェー | 5.5 | 3 | フィンランド | 14.2 |
| 4 | アイスランド | 6.4 | 4 | アイスランド | 5.7 | 4 | ノルウェー | 15.9 |
| 5 | フランス | 7.2 | 5 | スウェーデン | 7.0 | 5 | スウェーデン | 17.9 |
| 6 | スロヴァキア | 7.2 | 6 | スロベニア | 7.2 | 6 | 韓国 | 20.8 |
| 7 | オランダ | 7.4 | 7 | ハンガリー | 7.2 | 7 | スロヴァキア | 20.9 |
| 8 | ノルウェー | 7.8 | 8 | オーストリア | 7.9 | 8 | フランス | 22.6 |
| 9 | オーストラリア | 7.9 | 9 | ドイツ | 8.3 | 9 | ハンガリー | 24.2 |
| 10 | フィンランド | 8.0 | 10 | チェコ | 8.4 | 10 | チリ | 24.3 |
| 11 | スロベニア | 8.0 | 11 | フランス | 9.3 | 11 | ドイツ | 26.5 |
| 12 | スウェーデン | 8.4 | 12 | スイス | 9.6 | 13 | イギリス | 28.5 |
| 13 | ルクセンブルク | 8.5 | 13 | オランダ | 9.7 | 14 | スイス | 29.6 |
| 14 | ドイツ | 8.9 | 14 | スロヴァキア | 10.1 | 15 | スロベニア | 29.7 |
| 15 | アイルランド | 9.1 | 15 | 韓国 | 10.3 | 16 | オーストリア | 30.8 |
| 16 | スイス | 9.3 | 16 | ベルギー | 11.3 | 18 | イタリア | 31.5 |
| 17 | ベルギー | 9.4 | 17 | アイルランド | 11.4 | 19 | オランダ | 31.9 |
| 18 | ギリシア | 10.8 | 18 | エストニア | 12.1 | 20 | スペイン | 33.1 |
| 19 | イギリス | 11.0 | 19 | ギリシア | 12.1 | 21 | エストニア | 33.6 |
| 20 | ニュージーランド | 11.0 | 20 | ニュージーランド | 12.2 | 22 | ベルギー | 34.0 |
| 21 | ポーランド | 11.2 | 21 | イギリス | 12.5 | 23 | ポーランド | 34.8 |
| 22 | イタリア | 11.4 | 22 | ルクセンブルク | 13.4 | 24 | ニュージーランド | 35.6 |
| 23 | ポルトガル | 12.0 | 23 | オーストリア | 14.0 | 25 | メキシコ | 35.8 |
| 24 | カナダ | 12.0 | 24 | 日本 | 14.2 | 26 | トルコ | 36.4 |
| 25 | エストニア | 12.5 | 25 | ポーランド | 14.5 | 12 | アイルランド | 36.8 |
| 26 | スペイン | 14.0 | 26 | カナダ | 15.1 | 27 | チェコ | 38.6 |
| 27 | オーストリア | 14.6 | 27 | イタリア | 15.3 | 28 | カナダ | 40.7 |
| 28 | 韓国 | 15.0 | 28 | ポルトガル | 16.7 | 17 | オーストラリア | 42.7 |
| 29 | 日本 | 15.7 | 29 | スペイン | 17.7 | 29 | イスラエル | 44.9 |
| 30 | トルコ | 16.9 | 30 | アメリカ | 21.6 | 30 | アメリカ | 46.9 |
| 31 | アメリカ | 17.3 | 31 | チリ | 22.4 | 31 | 日本 | 54.3 |
| 32 | チリ | 18.4 | 32 | トルコ | 23.5 | 32 | ルクセンブルク | 56.2 |
| 33 | イスラエル | 19.9 | 33 | メキシコ | 25.8 | 33 | アイスランド | － |
| 34 | メキシコ | 21.0 | 34 | イスラエル | 26.6 | 34 | ポルトガル | － |
| OECD平均 | | 11.1 | OECD平均 | | 12.6 | OECD平均 | | 31.1 |

＊日本の数値は2006年、デンマークおよびハンガリーの数値は2007年、チリの数値は2009年

出所：OECD Family database "Child poverty" 2012年

中学生はこの十年で増加。二〇一〇年には約一五五万人にのぼりました。就学援助率は一五・三パーセントで過去最高となっています（『子ども・若者白書〈平成25年版〉』内閣府、印刷通販）。

また、二〇一二年のひとり親家庭は約一四六万世帯、このうち母子家庭が約一二三万世帯、八割以上を占めます。母子家庭の八〇・六パーセントは働いているものの、パート・アルバイトなどが四七・四パーセント、派遣社員を含めると五二・一パーセントと、過半数が非正規雇用です。平均年収は二五二万円（うち、働いて得られる年収は一八一万円）で、子どもがいる世帯の平均年収六五八万円と比較すると、約四割の収入しかありません（「平成23年度全国母子世帯等調査結果報告」厚生労働省）。

日本の貧困世帯には、ほかの先進国と大きく違う特徴があります。それは、親が働いているのに貧困に陥っている世帯の割合が高いことです。

図表21は、ひとり親世帯の貧困率を比べたものです。親が働いていない場合では、各国とも半数前後が貧困状態となっています。

一方で、親が働いている場合、ほかの国は大きく貧困率が下がりますが、日本だけは五二・五パーセントから五四・六パーセントと貧困率が上がっています。ほかの国では、働く

## 図表21　ひとり親家庭の貧困率

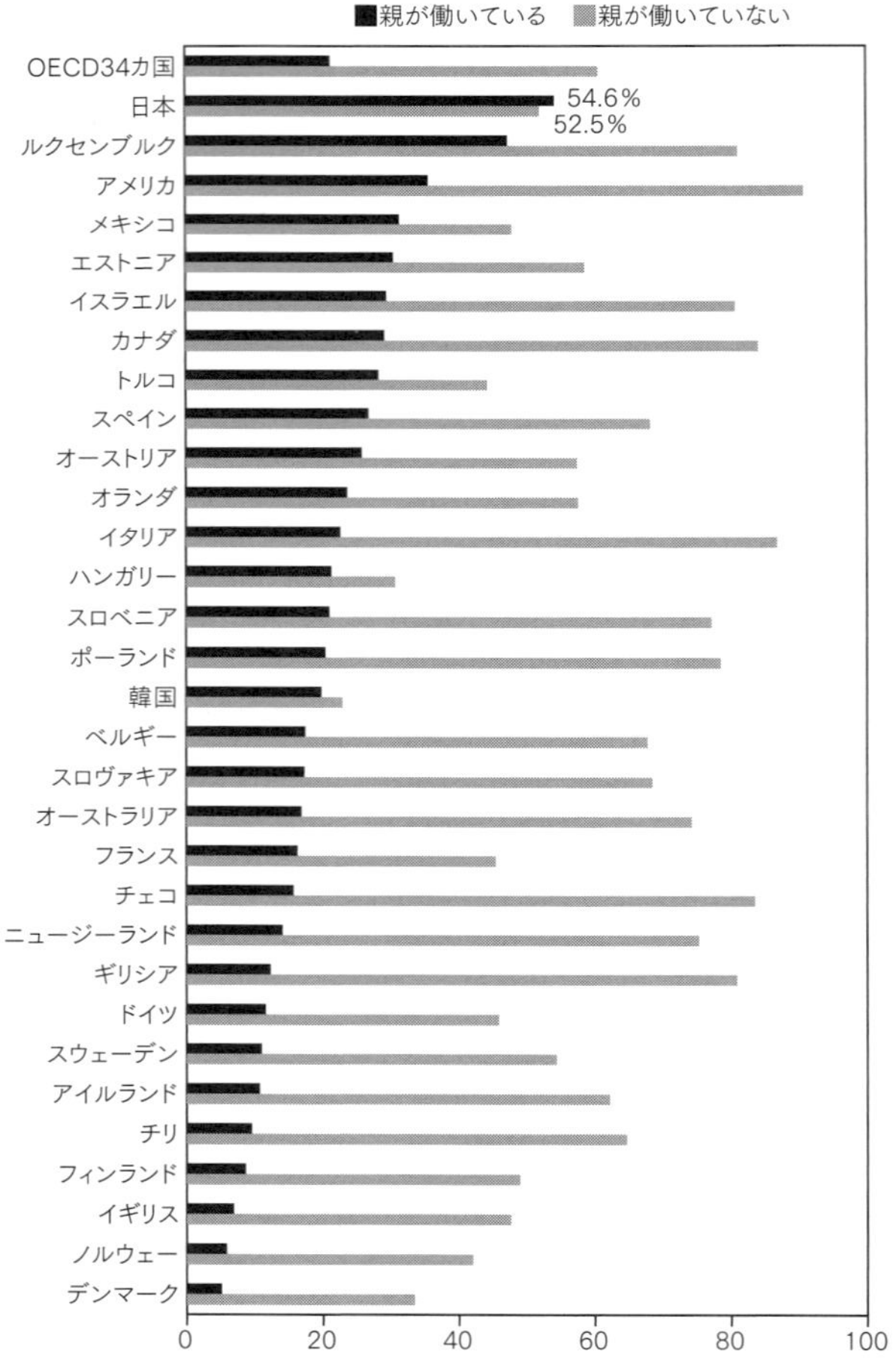


＊日本の数値は2006年、デンマーク及びハンガリーの数値は2007年、チリの数値は2009年

出所：OECD Family database "Child poverty"　2012年

ことが貧困から抜け出す有力な手段となるのに、日本では働いても貧困から抜け出すことができないのです。

子育て世帯への社会保障の給付が少なく、貧困世帯でも社会保険料の負担が重いことなどがその要因です。働いて得られる所得が少ないうえに政府の支援策も十分でない、それがこうした事態を生み出しています。

## 子どもの貧困対策法とは

子どもの貧困対策法では、その目的を次のように定めています。

**第一条　この法律は、子どもの将来がその生まれ育った環境によって左右されることのないよう、貧困の状況にある子どもが健やかに育成される環境を整備するとともに、教育の機会均等を図るため、子どもの貧困対策に関し、基本理念を定め、国等の責務を明らかにし、及び子どもの貧困対策の基本となる事項を定めることにより、子どもの貧困対策を総合的に推進することを目的とする。**

法律では、政府が子どもの貧困や対策の実施状況を調査し、年一回、公表することを義務づけています。また、子どもの貧困対策を総合的に実施するため、政府は「大綱」を定めました。大綱には、貧困家庭の子の進学率を指標として明記し、改善に向けた施策が盛り込まれました。

教育や生活の支援、親への就労支援など、子どもの視点から施策に取り組んでいくことが明記されたのです。

これを受けて、国と各都道府県では、子どもの貧困対策について計画を策定していくことになりました。

貧困問題を社会的に解決すべき課題と位置づけ、とくに子どもに焦点を当てた法律を成立した意義は大きなものです。しかし、法律は成立しただけでは機能しません。子どもの貧困対策法を実効性のあるものにしていくためには、三つの条件をクリアしていく必要があります。

第一の条件は、数値目標の設定です。子どもの貧困対策法は議員提案で成立したため、介護保険法や障害者総合支援法のような福祉サービスの裏づけのある法律ではありません。理念法ではなく実効性のあるものにするには、事後評価ができる数値目標を大綱のなかに盛り込んでいくことが不可欠です。

第二の条件は、政策づくりに当事者や支援者の声を反映するしくみをつくることです。法の成立には、あしなが育英会、遺児と母親の全国大会実行委員会、「なくそう！ 子どもの貧困」全国ネットワークなどの当事者・支援者団体の積極的なロビイング活動が大きな影響を与えました。政府や行政が、こうした当事者や支援者の声にどれだけ耳を傾けることができるかが問われることになります。

そして、もっとも重要な第三の条件は、「何を、いつまでに、どのように」やるのかを明らかにすることです。

貧困家庭に育つ子どもたちはさまざまな困難に直面しています。進学したいのに経済的理由で諦めざるをえないケースや、児童虐待の被害にあったり、不登校や高校中退の割合が高くなったりすることが指摘され、健康状態に影響を及ぼすこともあります。こうした多様な側面に配慮しながら、どのように支援策を講じていけばいいのでしょうか。

じつは、子どもの貧困対策法と並んで、新しい支援策を生み出すための法律が国会で審議されていました。

それが、生活保護法の改正とセットで議論されていた生活困窮者自立支援法です。

## 生活保護制度見直しの全体像

二〇一三年一月二十五日、厚生労働省社会保障審議会「生活困窮者の生活支援の在り方に関する特別部会」の報告書が発表されました。この審議会では、「社会保障・税一体改革大綱」(二〇一二年二月十七日)で盛り込まれた生活保護制度の見直しの提言を踏まえ、生活困窮者支援の新しい制度創設と生活保護制度の在り方について議論されました。

生活保護制度の見直しについてはすでに前章で取り上げましたので、ここでは、生活困窮者支援の議論を中心に見ていきましょう。

報告書では、「生活保護に至る前の段階」「生活保護利用者」といった、経済的困窮者をおもな支援対象として、新たな支援制度をつくることを提言しています。

図表22は、報告書の提言を受けて厚生労働省が作成した、生活保護制度の見直しの全体像です。生活困窮者対策と生活保護制度の見直しを一体に取り組むとともに、生活保護基準の見直しを行っていく。保護基準を引き下げる、不正受給への厳格な対処といった見直しの一方で、しっかりと支えるしくみをつくっていく。これが、生活困窮者自立支援法の骨子です。

図表22　生活保護制度見直しの全体像

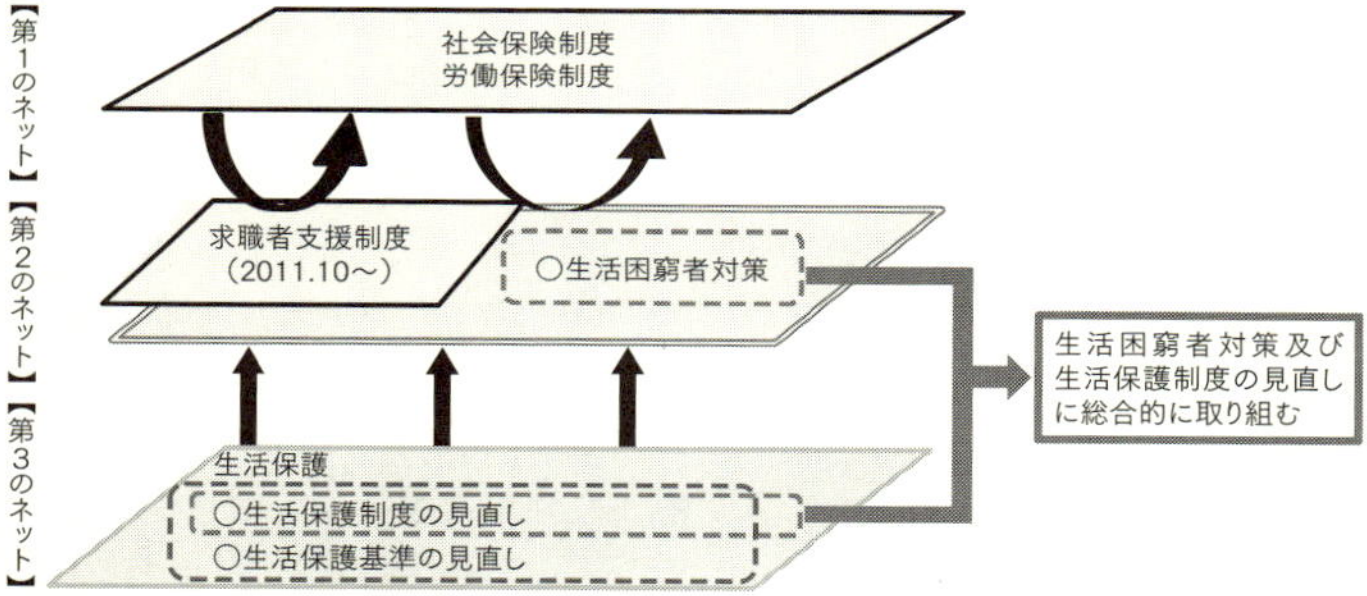
【第1のネット】
【第2のネット】
【第3のネット】
社会保険制度
労働保険制度
求職者支援制度
（2011.10～）
○生活困窮者対策
生活困窮者対策及び
生活保護制度の見直し
に総合的に取り組む
生活保護
○生活保護制度の見直し
○生活保護基準の見直し

出所：全国厚生労働部局長会議（厚生労働省）2013年

さらに、この法律では「自立相談支援事業」として、新たに生活困窮者の相談に応じる体制をつくることを市町村に求めています。

しかし、地域を見渡してみれば、すでにたくさんの相談機関や支援制度などのサービスが提供されています。福祉事務所やハローワーク、児童相談所や保健所、教育相談センターや地域包括支援センター、数え上げればきりがないほどです。生活保護の見直しなど、厳しい財政状況のなかで、なぜ新しい制度がいるのでしょうか。

特別部会の報告書では、新しい生活困窮者支援に取り組む意義を、次のように語っています。

戦後日本の繁栄は、何よりも働ける世代の大多数が就職でき、家族の生活を豊かにすることができるという夢があったからこそ実現しました。しかし、一九九〇年代半ばから、安定した雇用が減少し、家族のありようも変わっていくなかで、現役世代を含めて生活困窮者の増大が目に見えて増えてきました。

この傾向は、リーマンショック後に加速していきます。派遣村などを契機として人権モデルが大きな力をもち、生活保護利用者は二〇一一年七月に制度創設当初の水準を超え、過去最高を記録しました。これまでは高齢者など就労が困難な人びとが中心だった生活保護制度は、働くことができる若い世代も利用するものに変わっていきました。

失業、病気、家族の介護などをきっかけに生活困窮に陥る人が増えるなかで、国の活力は失われていきます。懸命に働いても貧困状態から抜け出すことができず、生活保護を利用するしかないのであれば、働きつづける意欲は失われてしまいます。資源のない日本にとっての唯一の武器、勤勉な労働力が失われればこの国の未来はありません。

また、貧困が広がるなかで、家族などとのつながりをなくして孤立する人々も少なくない現状があります。家族をつくるための十分な所得を得ることができない人、また、年金などの老後の備えをする余力がないまま老齢期を迎える人も増えてきました。社会的孤立の拡大は、自立への意欲を損ない、支援を難しくし、地域社会の基盤を弱くするのです。

そしてこうした貧困の広がりは、生活保護制度自体の信頼も危うくします。働くことができる若い人たちが、自立の目処《めど》が立たないまま生活保護の利用を続ければ、働きつづける困窮者とのあいだで不均衡が生じるおそれがあるからです。年金や最低賃金との逆転現象など、納得しがたい制度への不信が広がれば、それだけ国民が助け合うことが難しくなります。

適正化モデルが主張するように、「正直者が馬鹿をみる社会」「働かないほうがトク」という風潮が広がると、生活保護への批判はますます強くなり、やがては制度を廃止せざるをえない状況になるかもしれません。生活保護を利用する方にも、利用せずに頑張る方にも、同じように支援の手を伸ばしていくことが必要なのです。

## 「社会的孤立」をする利用者たち

報告書では、経済的な困窮だけでなく、「地域から孤立している者」や「複合的な課題を抱えている者」に対して、訪問支援を通じた対象者の把握や、これまでの分野ごとの相談支援体制を越えて、チームで包括的・一元的に対応できる体制の構築を訴えています。

近年、地域だけでなくさまざまな人とのつながりが希薄化する、「社会的孤立」の問題がクローズアップされています。「社会的孤立」とは、かつて、地縁・血縁・社縁などと呼ばれていた人びととのつながりが、社会構造の変化をはじめとした多様な変化を背景として希薄になっていることを指します。二〇一一年には、朝日新聞が「孤族」、NHKが「無縁社会」という言葉をつくり、社会的孤立の問題を取り上げました。

かつては標準とされていた「夫婦と子」からなる世帯は大きく減少し、代わりに単身世帯やひとり親世帯が増加するといった血縁の変化。また、少子高齢化や過疎化が進んだ地方部では、地域コミュニティの維持が難しくなり、単身高齢者の介護問題、孤立死への対策も課題となる地縁の変化。さらに、失業者や非正規労働者にとっては、仕事を通じた人間関係を構築することが難しいといった社縁の変化が生じているのです。

このような社会の脆弱《ぜいじやく》さが端的に表れるのが、生活困窮者支援の現場です。生活保護利用者の七五・六パーセント、じつに四人に三人が単身世帯です。一般世帯の二四・九パーセントと比べれば、その割合の高さが際立ちます。多くの利用者は、生活保護を利用していることを地域の人に知られることがないように、ひっそりと毎日を送っています。高齢者、病気や障害で働くことができない人が約八割を占め、経済的な支援だけでなく、その生活をどう支えていくかも課題です。そして、失業した若者をどう社会に戻していくか——いうまでもなく、本書でも繰り返しこの問題を取り上げてきました。

## 新たな生活困窮者支援システム

新たな生活困窮者支援システムは、①包括的な相談支援を中核として、②居住確保、③就労支援、④緊急的な支援、⑤家計相談支援、⑥子ども・若者支援の五分野から成り立っています。このうち、①にあたる自立相談支援事業と②の居住確保の支援は必須事業とされ、福祉事務所を設置するすべての自治体で実施されます。

おもな対象者として想定しているのは、生活保護の一歩手前でしのいでいる人たちと、現在、生活保護の利用者のなかで保護からの脱却が見込める人たちです。厚生労働省には、福祉事務所に相談に来た人のうち、相談だけで生活保護の申請には至らない人は高齢者なども含めて年間約四〇万人にのぼります。また、生活保護利用者のうち三七・六万人（二〇一二年度）いると推計されています。

新しい支援のしくみでは、生活保護費のような現金給付ではなく、自立に向けた人的な支援を行うことが特徴です。内容を順に見ていきましょう。

まず、自立相談支援事業は、福祉事務所を設置する自治体が直営または委託で行うことが原則です。事業では生活困窮者からの相談を受け、抱える課題を把握したうえで、自立支援計画を策定します。そして、計画に基づいて各種の支援が包括的に行われるよう、関係機関との連絡調整などの業務を行います。

第二のセーフティネットとのもっとも大きな違いは、たくさんある支援策をトータルで見ながら、相談者一人ひとりのニーズに合ったものを提供していく「司令塔」を配置したことです。第二のセーフティネットでは、職業訓練や貸付制度など多くの支援策を用意しましたが、おのおのの機関が独自の支援策をつくったため、制度が複雑で相談者にはわかりにくいしくみになってしまいました。結果として、各相談機関が相談者をたらいまわしにしたり、制度の狭間に落ちて、どの支援策も使えない人を生み出してしまいました。

第二のセーフティネットでは職業訓練の提供を除いて、多くは貸付制度などの金銭給付が中心でした。緊急対策として十分な人員の手当てをしなかったため、審査は形式的なものになり、多くの不正受給を許してしまいました。当然のことながら、人的支援のなかで不正受給が発生することは、まずありません。制度への信頼性を保ちながら、支援策の充実を図ることができるのです。

また、自立相談支援事業を特徴づけるのが、待つのではなく出向く訪問型の支援です。アウトリーチと呼ばれるこの手法は、役所には相談しにくい、何を、どこから相談したらいいかわからないという人にとくに力を発揮します。また、既存制度の狭間にある人を発見し、その人たちを支える地域のネットワークづくりも期待されています。

生活困窮者に対する相談支援機能が充実すれば、生活保護利用者の増大に悲鳴をあげている福祉事務所の負担は大きく軽減されることになります。よりよい支援で生活保護から脱却できる人が増えれば、結果として、生活保護費を減らすこともできるのです。

## 住宅手当の恒久化が自立を助ける

二つめの「居住確保」は、現行の住宅手当制度を恒久化するものです。

住宅手当は、第二のセーフティネットの一つとして、住居喪失者や失うおそれのある失業者を対象に、家賃を補助する制度です。お金は利用者本人ではなく、物件を貸している大家さんに直接支払いをする「代理納付」というしくみを使っています。これも、現物給付の一つです。

支給要件は、月収一三万八〇〇〇円未満で、預貯金が五〇万円以下の人（単身の場合）。利用中は、ハローワークでの月二回以上の職業相談や、自治体での月四回以上の面接支援などを受けることが義務づけられます。支給額は最大で五万三七〇〇円ですが、金額は地域によって異なります。この基準は、生活保護の住宅扶助に準じています。

支給期間は原則三カ月間。延長を含めて最大で九カ月間まで認められます。支給決定件数は制度が発足した二〇〇九年十月から一三年一月までで一三万二七五四件。このうち、五四・五パーセントがパート・アルバイトも含め契約期間が六カ月以上の就職先を見つけることができました（二〇一二年度実績）。

生活保護とは違い、定期的にハローワークや市役所などに通うことが義務づけられる一方で、扶養照会や預貯金調査、ケースワーカーによる定期訪問などはありません。預貯金も一定程度認められるため、生活保護は利用せず、自分で頑張りたい人にとっては、利用しやすい制度になっています。

厚生労働省は、自立相談支援事業や就労準備支援事業と組み合わせることで、さらに相乗効果を出していきたいとしています。

## 三本柱からなる就労準備支援事業

三つめの「就労支援」は、①就労準備支援事業、②中間的就労事業、③生活保護受給者等就労自立促進事業の三本柱からなっています。このうち、③の事業はハローワークと福祉事務所が連携した就労支援を拡大・発展させたもので、福祉事務所に常設型のミニハローワークを置くなどの取組をしています。

就労準備支援事業では、既存の就労支援では対応できない、すぐには一般の企業に就職するのが難しい方が対象です。リストラやいじめで心を病んだ人、ニートやひきこもりなど仕事からしばらく離れていた人に対して、働く前段階として、さまざまな支援メニューを用意していこうという考え方です。

少し前までは、「トランポリン型の社会をめざす」という言葉がよく使われていました。労働市場から落ちてきた人を、トランポリンのように受け止めて、労働市場に戻していく。そうした機能をセーフティネットに付加していきましょうという考え方です。しかし、これはうまく機能しませんでした。

失業から生活困窮に至る人のなかで、直前の職が安定した正規雇用だった人は、実際のところあまり多くはありません。失業保険も利用できますし、ささやかながら退職金が出る事例もあります。多少の余裕はあるなかで、再就職活動をするも、安定した職が見つからない。ようやく見つけた仕事は派遣社員や期間工、それも年齢や体調によって契約更新がなくなり、パートやアルバイト、日雇い労働へ。それさえもなくなり、いよいよどうしようもなくなって生活保護の申請に至る。

労働市場で評価されない人が「ところてん」のように押し出されて、生活保護のセーフティネットに落ちてくるのが現状なのです。

こうした方に、オリンピック選手のようにトランポリンを利用して労働市場に戻ってください、といっても、そううまくはいきません。多くの場合、何十社に履歴書を送っても門前払いで、そのうちに就職活動自体を諦めてしまう。ひきこもり、孤立、自殺といった最悪のルートに乗らないようにするには、まず、ほかの人と会って話ができる参加の場をつくり、そこから階段を上るようにステップアップするほうが、多少、時間はかかるものの、結局は早道になるのです。

就労準備支援事業では、生活習慣形成のための指導・訓練（生活自立段階）、就労の前段階として必要な社会的能力の習得（社会自立段階）、事業所での就労体験の場の提供や、一般雇用への就職活動に向けた技法や知識の取得などの支援（就労自立段階）の三段階を想定しています。横浜市中区では、二〇一一年十月からモデル事業をはじめ、二〇一二年九月現在で受講生五六人のうち、四八人が修了、そのうち二九人が就職するという成果をあげています。

また、就労準備支援事業のなかで重要な位置を占めるのが、「中間的就労」です。これは、民間企業や社会福祉法人、ＮＰＯなどで働く経験を通して、社会との接点を結びなおし、自信を取り戻してもらう機能が期待されています。先進的な取組を進める北海道釧路市では、動物園での餌やりや農業といった体を動かすことを目的としたものから、民間企業での実習まで、多様なメニューを用意して、利用者のニーズに応えられる体制をつくっています（『希望をもって生きる』釧路市福祉部生活福祉事務所編集委員会編）。

民間企業や社会福祉法人、営利企業などの自主事業として実施することを想定していますが、立ち上げ費の初期経費の助成や税制優遇などが検討されています。お隣の韓国では、国をあげて生活困窮者の仕事の受け皿となる企業の育成が進んでおり、取組に積極的な企業は、「社会的企業」として評価され、税制優遇などの特典を得ることができます。日本でも同様の取組を進めていこうというのです。

しかし、中間的就労は、ともすれば低賃金でいつでも解雇できる便利な労働者をつくりだすことになりかねません。パスポートの取り上げや強制貯蓄、時間外労働などの人権侵害で問題視される外国人研修制度のように、当初の理念とはかけ離れた事例が発生してしまう危険性もあります。このため、中間的就労を行う事業者は都道府県や政令指定都市などが認定し、事業者を選別するしくみを導入しています。

## シェルターの提供と家計管理

四つめの緊急的な支援とは、住まいを失った失業者などに対して、一時的な住まいの場（シェルター）の提供を行う事業です。利用は無料で、期間は原則として三カ月以内となっています。この期間に、新しい就職先を見つける、生活保護を利用してアパートでの生活を始めるなどの対応をしていくのです。現在も同様の事業が「ホームレス緊急一時宿泊事業」（シェルター事業）として実施されており、既存の施設型が二自治体五施設（定員一五一四人）、アパートなどを借り上げるタイプが四一自治体六三施設（定員六五二人）となっています。

なお、こうした公設型のシェルターでは対応しきれず、民間事業者が運営する無料低額宿泊所などを利用する場合もあります。一部の無料低額宿泊所では利用者の了解なく預金通帳を預かったり、消防設備の設置がないなどの問題を抱える施設もあり、「貧困ビジネス」との批判もあります。公設型を増やすことで、こうした民間事業者にも一定の歯止めをかけていくことが期待できます。

五つめの家計相談支援事業とは、生活再建を行うために家計の相談に乗る事業です。①家計収支などに関する課題の評価・分析（アセスメント）と相談者の状況に応じた支援計画の作成、②生活困窮者の家計の再建に向けたきめの細かい相談支援（公的制度の利用支援、家計表の作成など）、③法テラスなどの関係機関へのつなぎ、④必要に応じて貸付の斡旋などを行います。

この事業のモデルとなったグリーンコープ福岡では、いままでに生活困窮者に九〇三件、五億八〇〇〇万円あまりの貸付を行ってきましたが、二〇一二年度末までに貸倒処理となったケースはわずか一五人、金額にして約五六〇万円に留まっています。対貸付残高比は〇・九七パーセントと驚異的な数字です。

グリーンコープ福岡の特徴は、貸付だけではなく家計指導に比重を置いている点です。収入と支出をうまく管理できなかった人たちに家計管理のノウハウを伝え、生活習慣を見直させることで、自立への道を切り拓こうとします。

こうした具体的な支援を担う家計相談支援員を養成し、生活困窮者の生活改善に結びつけていこうというのが、この事業の狙いになります。

＊

――しかし、こうした生活困窮者の支援策に懐疑的な思いをもつ方もいらっしゃるでしょう。なぜ、失業に備えて貯金しておかなかったのか。再就職に備えて資格を取り、キャリアを磨いてこなかったのか。老後に備えて年金を積み立てておかなかったのか、万が一のときに助けてもらえるように兄弟や親戚といい関係を築いてこなかったのか。支援するといっても、中高年になってからでは限界もあるだろう。いまさら、遅い。

たしかに、こうした意見は一理あります。

でも、ちょっと待ってください。

## 「貧困の連鎖」を防ぐために

新たな生活困窮者支援システムには、もう一つ、第二のセーフティネットでは想定されていなかった新しい支援策が用意されています。それが、「子ども・若者」に対する支援です。

たしかに、生活困窮者のなかには、何の努力もせず、将来の見通しを考えず、行き当たりばったりで生きてきたように見える人がいます。

たとえば、小学校、中学校のころから不登校で、高校に進学しても続かずに中退してしまった女の子がいます。彼女は、同じような生活をしてきた彼氏を見つけて交際を始め「できちゃった結婚」。しかし、彼が働くのはアルバイトや派遣などの不安定な仕事で、せっかくの給料もパチンコやゲームなど自分の楽しみに使ってしまう。夫婦間では喧嘩《けんか》が絶えなくなり、やがて、離婚。母子家庭となった彼女は、貧困に苦しむ、というように。

第3章で取り上げた、福祉事務所を訪れた女性を思い出してください。もうちょっとできることがあるのではないか。いままでの生活で、反省すべきことがあるのではないか。彼女の生活に批判的な眼差しを向けるのは、たやすいことです。実際のところ、母子家庭の母親のなかには、自堕落な生活をしてきた人が、少なからず含まれています。

しかし、よくよく彼女の生活をたどっていくと、じつは、母親も同じような生活を送ってきたことがわかります。若くして妊娠、結婚、出産、離婚を経験し、そのあとは一人で彼女を育ててきました。

母子家庭であることを理解して雇ってくれる職場はそう多くはありません。賃金や雇用形態などの条件もよくはない。生活していくためにはパートやアルバイトをかけもちするしかなく、自由になる時間もありません。

子ども時代の彼女が勉強でわからないところがあっても、母親には勉強を見てやる時間的余裕も、塾に通わせる金銭的な余裕もないのです。母親も、彼女自身も、勉強ができなくても、仕方がないと諦めてしまう。高校に行っても勉強についていけず、中退しても「仕方がない」。そして、生活の基盤を整える前に、妊娠から離婚を経験し、母から子どもに貧困が受け継がれていきます。

これを、「貧困の連鎖」あるいは、「貧困の再生産」といいます。

関西国際大学の道中隆教授は、大阪府堺市で貧困の連鎖の実態調査を行いました。二〇〇六年四月時点で、堺市で生活保護を利用していた三九二四世帯のうち、三九〇世帯をランダムに抽出して調査したところ、子ども時代に生活保護を利用していた世帯主が二五・一パーセントを占めていました。子ども時代を生活保護で過ごした子どものうち、じつに四人に一人が大人になってふたたび保護を利用していたのです。

さらに、このうち母子一〇六世帯の母親について見ると、中卒は六六・〇パーセント、生活保護で育った方が四〇・六パーセントとなっていました（『生活保護と日本型ワーキングプア』道中隆、ミネルヴァ書房）。

貧困が連鎖し、再生産されるような社会は弱いものです。未来への希望を失い、諦めのなかで生活する人びとが増えれば、社会は不安定になっていきます。努力しても無駄、どうせ自分なんかと自分を否定する人が増え、成功した人を羨《うらや》み、嫉妬《しっと》し、引きずり下ろそうという負のエネルギーばかりが強くなる。ごく一部の人だけが豊かな生活ができ、ほかの大多数の人は貧困に苦しむような社会になれば、全体の活力は失われてしまうでしょう。

## 社会保障は「コスト」ではなく「未来への投資」

子どもの貧困から生活保護を見ていくと、貧困を放置することが大きな損失を生んでいることがわかります。

現在、生活保護利用者のうち、二十歳未満が占める割合は一五・二パーセントとなっています（図表23）。利用者の六人に一人、人数では二八万人です。彼ら、彼女らが大人になってふたたび生活保護を利用することになるのか、それとも、安定した職に就き、あるいはみずから起業して納税する立場になるのか。いったいどのくらいの差になるのでしょうか。

厚生労働省が設置した「ナショナルミニマム研究会」では、その金額の試算を行っています（『貧困層に対する積極的就労支援対策の効果の推計』ナショナルミニマム研究会「貧困・格差に起因する経済的損失の推計」作業チーム）。

たとえば、十八歳の高卒男性が、二年間にわたって職業訓練を受けて正社員として就職でき、六十五歳まで働いた場合、就職できずに生活保護を受けつづけた場合と比べて、最大で国の財政に一億円以上のプラスがあるという試算結果が出ています。

二年間にかかる就労支援の費用は生活費を含めて四五八万円。それによって就職できた場

**図表23　生活保護利用者の子どもの割合**

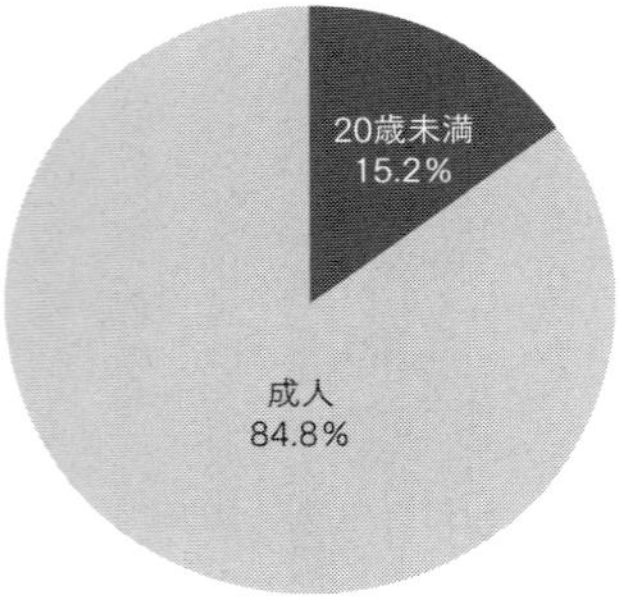


出所：福祉行政報告例

合の六十五歳までの税金や社会保険料納付額（最大で四五〇〇万円以上）と、就職できずに六十五歳までずっと生活保護を受けつづけた場合の生活保護費を推計すると、その差は一億円以上になるというわけです。

なお、十八歳女性の場合は、正社員として就職できたとすると、就職できずに生活保護を受けつづけた場合と比べて最大で約八七〇〇万円のプラスとなります。仮に二八万人すべてについて貧困の連鎖を予防することができれば、一人当たり一億円として二八兆円の経済効果。これ以上は、机上の数字遊びになってしまうので差し控えますが、大きな投資効果があることは間違いないでしょう。

たとえば、埼玉県では、一般社団法人に委託して生活保護世帯の子どもたちに対する教育支援を実施しています。教員ＯＢなどの教育支援員が定期的に家庭訪問をして、子どもや親に対して進学の助言などを行うのです。また、特別養護老人ホームに学習教室を開設し、大学生ボランティアによるマンツーマンの学習支援を行っています。

こうした支援の結果、二〇一二年度には、対象となる中学三年生の生活保護世帯の子ども八〇一人のうち、三〇五人が学習教室に参加。うち、二九六人が高校への進学を果たしています。進学率は九七パーセントになり、一般世帯の九八パーセントと比べても遜色ない状況です。事業実施前の生活保護世帯の進学率が八七パーセントですから、じつに一〇ポイント以上、進学率が向上したことになります（『生活保護200万人時代の処方箋』埼玉県アスポート編集委員会編、ぎょうせい）。

埼玉県と同様の取組は、高知市、釧路市、熊本県、神奈川県など、全国九四自治体で行われています（二〇一三年四月時点）。高校進学だけで貧困の連鎖を断つことは難しいにしても、各自治体のなかで、貧困世帯の子どもたちの支援には最優先で取り組まなければならないという認識は、確実に広がりを見せているのです。

ナショナルミニマム研究会が取りまとめた中間報告では、社会保障は「コスト」ではなく、「未来への投資」であると位置づけています。そのカギになるのが、社会保障制度なのです。

## 貧困対策三法を一体として考える

このように、子どもの貧困対策法を軸に生活困窮者自立支援法を読み解いていくと、現在の生活保護法の改正をめぐる議論とはまったく違った風景が見えてきます。戦後、手つかずであった貧困対策の分野に、相当なボリューム感をもって、貧困の根絶に向けた支援の手が入ろうとしています。

たしかに、生活保護法の改正内容は刺激的なものです。水際作戦をなんとしても止めさせたい人権モデルにとって、今回の法改正は許せないものでしょう。一方で、扶養義務の強化や不正受給への厳しい対応を進めたい適正化モデルは、法改正はなんとしても実現したいと考えています。保護基準をめぐる議論も同様です。現状維持（あるいは引き上げ）か、引き下げか。人権モデルと適正化モデルは激しく対立しています。

制度の是非をめぐって議論がされることは悪いことではありません。多くの人に現状を知ってもらうことが、制度をよりよくするための第一歩になるのは間違いないことですから。

しかし、争点化しやすいところばかりを取り上げていくことで、忘れられてしまっているもの、置き去りにされている気持ちはないのだろうか、と思うのです。

私のところに「話を聞きたい」と訪れる人の大半は、多かれ少なかれ、生活保護制度に不信感を抱いていました。人権モデル、適正化モデルの双方ともに、現状の生活保護制度の問題点を批判し、改革を迫るのですから、こうした反応が出てくるのも当然です。

こうした人びとに対して、私は統合モデルの立場から、二つのモデルを説明するとともに、「悪いことばかりではない」と話すことを心がけてきました。

だって、そうでしょう。生活保護制度は、リーマンショックという未曾有《みぞう》の危機に際して、しっかりとその役割を果たしました。職と同時に住まいを追われ、死が現実に迫る若者に救済の手を伸ばしたのです。それは、国民の多くが貧困の存在に気づき、それを容認できないものと考え、対策が必要だと考えていたからです。

そして、その矛盾が明らかになったときに、「このままじゃいけない」という声が出て、歯止めがなければ、制度全体が崩壊してしまうという危機感が共有された。そして、日本で初めて「貧困対策」の名を冠した法律が成立し、新しい生活困窮者支援のしくみができようとしている。これは、現状をよしとしない多くの人びとが、人知れず汗をかき、地道に調整を重ね、合意を図ってきたからです。

子どもの貧困対策法は、国会においてもその必要性を否定する政党は存在しませんでした。自由民主党から共産党まで、各会派とも、子どもの貧困根絶に向けた働きかけを強くすることには強い合意ができている。

ここに希望はある、と思うのです。

生活保護法の改正、子どもの貧困対策法、そして、生活困窮者自立支援法。三つの法律は個別に検討されるべきではありません。「貧困対策三法」と一つのものとして検討し、それぞれの法律が相互に与える影響についても目を配りながら、議論を深めていかなければならないのです。

この点で、『生活保護vs子どもの貧困』という本書のタイトルには、現場からのささやかな異議申し立ての意味を込めています。人権モデルや適正化モデルの対立を軸とした生活保護の議論から、子どもの貧困問題の解決に向けた議論へ。あなたはどちらの立場なのかと詰め寄るのではなく、両者のよいところを汲み取りながら、統合したモデルをつくりあげていく社会へ。子どもの貧困問題は、その合意をつくるきっかけとして、大きな力を秘めているのです。

次章では、全国で広がりつつある生活困窮者支援の取組、なかでも、子ども・若者の支援に取り組むＮＰＯを紹介しながら、いま支援の現場で起きている変化を考えます。

第7章

# 困窮する子どもたちへの支援

# すべての子どもが夢や希望をもてる社会に

NPO法人 キッズドア　渡辺由美子さん（代表）

## 「アジアですか、アフリカですか」

日本に貧困があるといっても、だれも信じなかった。NPO法人キッズドアで代表を務める渡辺由美子さんは、「でも、最近はずいぶん変わりました」と笑います。

二〇〇七年に任意団体として発足したときは、経済的に厳しい状況にある子どもたちの支援をしていると説明すると、「アジアですか、アフリカですか」という質問が返ってきたそうです。当時は、国内の貧困率が公表されることもなく、一億総中流という言葉がまだ力をもっていました。

日本の子どもを支援していると答えると、怪訝《けげん》な顔で、「日本に、そんなに困っている子どもがいるの？」という言葉が返ってきたといいます。

渡辺さんが一人で始めた団体は、現在は世田谷区、足立区、杉並区など都内六カ所で、経済的な不利を抱える子どもたちに学びの場を用意しています。このほかにも、東日本大震災の復興支援として、仙台市など被災地三カ所でも学習支援を展開しました。

渡辺さんが子どもの貧困問題に興味をもったのは、一年間のイギリス生活がきっかけでした。

「イギリスは、ものすごい格差社会なんです。たとえば、息子のクラスメートのなかにもテムズ川沿いに家があって、自宅に専用のボートの係留場がある。車に乗ってパブに行くと逮捕されてしまうから、船で飲みにいくというリッチな方もいます。一方で、お母様が一年じゅう同じブラウスにスカートで、冬にはそれにコートを羽織るだけというような『このご家庭は経済的に大変そうだな』という方がいらっしゃる。こうした格差のなかで、子どもたちは元気でのびのびと生活している。なぜなんだろう、と思ったんです」

渡辺さんが気づいたのは、イギリスでは学びにお金がかからないということでした。

「滞在した一年のうち、学校で集金があったのは一回だけ。それも、社会科見学で使うバス賃として、二ポンド（約三八〇円）だけです。

理科の実験用具や絵の具など、学校で使う学用品の請求は一切なく、塾もないので課外でお金がかかることもない。日本との違いを感じました」

「日本では子育てをするにはとてもお金がかかります。払える家はいいけれど、ひとり親の家庭ではどうでしょう。私に何かできることはないだろうかと考えたのが、団体設立のきっかけです」

## お金を払って海外ボランティアに行く大学生たち

「海外の子どもたちを支援するNPOの方に話を聞くと、年間三〇〇〇人もの大学生が海外でボランティアとして参加しているというんですね。コーディネートしているNPOに聞くと、海外への渡航費用は学生の負担、さらにコーディネートの費用として三万円程度を上乗せして支払ってもらっているとの話でした。

それでも、多くの学生がプログラムに参加しているのです。

『どうして日本の子どもたちを支援しないの』と学生に聞いたら、海外のボランティアは窓口があり、そこで申し込めばプログラムに参加することができるけど、日本の子どもはどうしたらいいかわからないといいます。

学生のニーズと困っている現場のニーズを結びつけることができれば、新しい価値を提供できるのではないか。そのモデルをつくろう。

そう考えて子どもの貧困問題について調べていくと、『勉強を教える』という支援方法が貧困の予防に効果が高いことがわかってきました。この一点にリソースを集中して、NPO法人独自で、高校進学を希望する子どもたちに勉強を教えようと始めたのが、『タダゼミ』というプログラムです。

二〇〇九年に企業から助成金をもらって、学生ボランティアの登録が五〇人集まったところで、事業をスタートさせました。翌年、本格的に取り組むタイミングでメディアに取り上げてもらうことができ、新宿区にある企業から会場を無償で提供してもらえたのです。初年度の参加者は三八人で、遠い子は西東京市から一時間以上かけて新宿にあるタダゼミに通ってきました。

その翌年には中央区で外国人にルーツをもつ子どもたちへの支援が決まり、杉並区や足立区でもタダゼミを開くことになりました。

これから忙しくなるね、と話していた矢先に起きたのが、東日本大震災です」

## 震災でも活かされた支援ノウハウ

当時は、渡辺さんと事務局長の片貝英行さんの二人で、事業の切り盛りをしていました。事業も新しい展開をしていく段階で、余裕はない。

それでも、未曾有の災害に何もしないことはできない。話し合いの結果、渡辺さんは東京に残り、片貝さんが東北の支援に入ることになりました。仕事も財産もすべて失った人たちに、キッズドアができることは、やはり学習支援です。いくつかの自治体を回っていくなかで、宮城県の戸倉中学校で放課後学習を手伝ってほしいという声がかかりました。「仙台にある東北事務所から戸倉中学校に行くには、車でも二時間はかかります。戸倉には学生ボランティアもいないので、仙台市内で学生などのボランティアを募り、一緒に車に乗せて勉強を教えにいきました。東京の学生に呼びかけて、戸倉に来てもらったこともあります。

子どもたちは通学にバスを利用しているため、部活動がない三年生はバスが発車するまでのあいだ、毎日教室で自習します。自分の苦手な教科・単元の練習問題をピンポイントで出力できる学習教材『学習クラブ』を提供して、勉強できるしくみを整えたところ、学校も驚くほど子どもたちは自習に打ち込むようになりました。学力の底上げにもなり、高校でも戸倉中出身の生徒は勉強ができると評価されています。

仙台の高砂中学校と福島の楢葉中学校を合わせて、現在は三つの中学校で学習支援を行っています。

これらは、行政からの委託事業として取り組んだものですが、独自の事業として仙台市にもタダゼミを二〇一一年八月から開きました。これも二年目からは仙台市との共催となり、会場の無償提供や広報などの協力をいただけるようになりました。窓口となった担当者は、最初は、『子どもたちにそこまでの支援が必要なのか』という疑問をもっていたそうです。でも、現場の先生に意見を聞くと、『ぜひ、やってほしい』という声が圧倒的だった。その声を受けるかたちで共催が決まったのです」

キッズドアが連携を求めたのは、行政だけではありません。

タダゼミではベネッセから教材を提供してもらい、河合塾で学生ボランティアの研修を担当してもらうなど、企業からの協力も積極的に取り入れました。こうした機動力のある事業展開は、小回りのきくＮＰＯならではのものです。

## 出会いがもたらす変化

渡辺さんは、学生ボランティアは三つのタイプに分類されるといいます。

「一つめは、教師や福祉職への就職をめざしている学生。キャリア志向型です。

二つめは、大学の授業などで貧困の問題に興味をもち、社会をもっと知りたいと参加する学生です。

そして三つめは、自分も貧困世帯で育ち、何らかのかたちで恩返しをしたいと考えている学生。じつのところ、最後の元当事者の学生たちが、一番熱心に協力してくれます。

学生からは、「自分たちが与える側だと思ってやっていたけれど、逆に子どもたちから教えられることが多い」という言葉をたびたび聞くという渡辺さん。

「社会の理不尽さ、ふつうに暮らしていることのありがたさ、サポートすることで伸びていく子どもたちの可能性。教え方も個別の支援だけでなく授業形式にしてみたり、試行錯誤しながらやっています。こうした経験が、大学生にとっても、よい学びの場になっているのです」

渡辺さんは、こんなエピソードを教えてくれました。

「先日、タダゼミに通う男の子のお母さんから、お礼の電話をいただきました。

『うちの子は、成績は振るわないし、将来の夢もないから勉強しません。自分は学歴がなくて苦労しているので、口うるさく勉強するようにいうのですが、反発されて険悪な雰囲気になるばかりで困っていました。

タダゼミを新聞で知り、息子に強く行くように勧めました。最初は嫌々でしたが、一度行ったときに親切に教えてもらい、それからは喜んで通うようになったのです。

それから、今日はこんなことがあった、あんなことがあったと話をしてくれるようになり、親子で笑うことが増えました』と。

その子を教えてくれたのは、当時、東京大学に通っていた大学生です。

彼も地方出身の苦学生で、将来は厚生労働省で働きたいという夢をもっていました。タダゼミは一日四時間ですが、ずっと勉強しているわけではありません。面談や雑談をしているなかで、なぜこのボランティアに参加しているのか、なぜ厚生労働省で働きたいと思っているのか、勉強を教える男の子に自分の夢を何度も語るのです。

電話をかけてきたお母さんは、『一番嬉しかったのは、息子に夢ができたことです』といっていました。彼の話を聞いて、男の子もまた、自分も公務員になりたいという夢をもったのです」

聞きながら、きっと大学生である彼の人生にも、タダゼミでの経験は影響を与えるだろうと思っていました。厚生労働省の仕事の大半は、自治体からあがってくる情報をまとめ、予算をつくり、事業の全体像をデザインするものです。経済的に厳しい生活保護家庭やひとり親の子どもたちと、直接に接するような仕事ではありません。省庁間の駆け引きや、国会答弁の資料作成などの仕事ばかりをしていると、「自分は何のためにこんなことをしているのだろう」と無力感に襲われることもあるかもしれません。

そんなときに、「学習支援の取組を全国に広げるために、この資料が役に立つかもしれない」と思うことができるかどうか。「『子どもの貧困をなくす』という約束を、嘘にしたくない」と踏み止まれるかどうか。たとえ、仕事の内容が参考資料の一枚の作成であったとしても、それは決定的な違いだと思うのです。

## 認められる経験が子どもたちを伸ばす

「貧困世帯の子どもたちに足りないのは、お金ばかりではありません。

まず、『頑張る』『努力する』といった実体験が少ない。学習塾ではたくさんの課題が出されます。スポーツなどの習いごとでは上のクラスにいくための試験があります。目標に向けて挑戦することで、頑張る力をつけていくのです。

タダゼミに通ってくるのは、教室の片隅で静かに座っている、勉強ができない子どもたちです。学校の先生に質問するなんてとんでもない。とても聞けないと思っているような子どもたちが通ってきます。

いまの学校では、宿題を出さなくても先生から怒られません。きちんと出すようにと注意されますけれど、それ以上、いわれることはない。ただ成績だけが下がっていく。親も自分のために苦労しているという負い目があるから、厳しくいえない。

人に期待される経験が、貧困世帯の子どもたちには乏しいのです。

タダゼミにやってくる子どもたちの多くは、最初は宿題をやってきません。

最初の授業で、『英単語を二〇個覚えましょう』と宿題を出すんですね。中学一年生でやるような、簡単な英単語です。でも、次に来たときにテストをやると、〇点。

大学生たちは、ときには徹夜をしてその子のために一所懸命に課題をつくります。

なんでやってこなかったのか。高校や大学に行きたいから、ここに通ってきているんじゃないのか。何か、できない理由があるのか。

詳しく聞かれることで、初めて『この人は自分が宿題をやってくると信じていたんだ』ということを知るんです。こんなに自分のために一所懸命にやってくれる人がいるんだ。こうした出会いを通じて、子どもたちは『ちょっと頑張るか』と思うんですね。

次のテストで半分の英単語が答えられるようになる。その努力を褒《ほ》められる。

認められる経験をすれば、必ず宿題をやってくるようになります。

貧困世帯の子どもたちは、ふつうの子なら当たり前の経験がありません。たとえば、自分の答案が目の前で丸をつけられること。公文式などの塾では当たり前のようにしています。でも、学校の先生は忙しいですから、そこまではなかなかできないですよね。

答案に大きな花丸をつけてもらう経験、そして、わかるまで教えてもらう経験。

こうした経験があってこそ、子どもたちは伸びることができるんです」

## 学習支援の限界と可能性

ただ、キッズドアの行う学習支援だけでは限界もある。渡辺さんはいいます。

「お母さんがフィリピン人で、お父さんからの仕送りで生活していた家族がいました。フィリピンではいい生活ができていたのですが、お父さんが病気になって仕送りができなくなってしまいました。これは大変だと日本に来たのですが、お父さんは病気の後遺症で障害が残り、働くことができません。

家族が来日したのは、その子が小学校六年生のときのことです。英語はできるし、日常会話には不自由はない程度の日本語はできるのだけど、受験勉強に対応できるような日本語の習得は難しい。自分には受験は無理と投げやりになって、家庭環境も不安定なんでしょう、タダゼミに来たときも、『家に帰りたくない』って。私たちは、それを聞いてあげることしかできませんでした」

それでも、英語に加点のある国際科を受験し、その子は奇跡的に希望高校に合格することができました。

「でも、高校に受かってほっとしたのでしょうか。進学してほどなく、中退してしまったという話が聞こえてきました」

それが三年前のこと。今年になり、渡辺さんのところに電話がかかってきました。

「『私、ママになったよ』って。まだ、十七歳、十八歳といった年齢です。

高校に通っていればちょうど三年生。それが母親になる。父親はいません。子どもが生まれる前に別れてしまったみたいで。これから、一人で子どもを育てていくことになるんですよね」

渡辺さんの表情が曇ります。

「その子一人のことであれば、私たちがものすごく頑張れば助けられるかもしれない。でも、そうすることで、本来、私たちがやるべきことができなくなってしまう。リソースは限られていますから、何もかもはできない。学生からもいわれることがあります。『親への支援ができないか』『両親と話をしたい』と。それは駄目と伝えています。

私たちは小さい存在です。できることは子どもたちを教えていくこと。そう、ボランティアの学生には伝え、納得してもらっています」

それでも、渡辺さんは言葉を続けます。

「私たちの取組は東京都と東北に限られますが、山梨では別の団体が『タダゼミ』という名前で学習会を開いていますし、ほかの地域でも同様の取組が広がっています。ほかの団体に呼びかけて私たちの学習支援モデルを全国展開できないか。そう考えて、今年は教室マネージャー養成講座も開きました」

日本の子どもたちの課題を解決する一翼を担っていきたいという渡辺さん。

「私たちのミッションは、日本のすべての子どもが夢や希望をもてる社会を実現することです。いまの日本には夢や希望をもつことができない子どもたちがたくさんいます。貧困が原因で、未来を諦めてしまう。

経済のグローバル化のなかで、世界で戦っていける人材を育てることが求められています。子どもたちは可能性をもっているし、成長したいと思っています。家庭だけでなく、社会全体でその環境を用意していくことが必要なのではないでしょうか」

## 生きていける場所をつくりたい

NPO法人 ワーカーズコープ　安　賢二さん（東京中央事業本部副本部長）
下村朋史さん（北海道事業本部事務局長）

### 対等な立場で仕事を引き出していく

「ワーカーズコープは失業対策事業を源流とし、その廃止と前後してスタートしています。当初は、緑化・物流・清掃事業から始まり、その後、介護の仕事が加わりました。人手不足のなかで、いわゆる就労困難者と呼ばれる人たちを受け入れるようになり、それがいまの仕事につながっています」

そう話すのは、東京中央事業本部副本部長の安賢二さん。安さんは、山口県の清掃事業を経て、若者支援や基金訓練、生活保護利用者の自立支援事業の立ち上げに携わってきました。

失業対策事業という言葉に聞き覚えがない方もいらっしゃるでしょう。第二次世界大戦直後の大量失業期に、公共事業の一環として行われた事業です。

当時、大きく増加していた失業者に、国や自治体が仕事の場をつくり、雇用の機会を与えることを目的としていました。しかし、高度成長期を迎え、一九六〇年代には縮小の方向が打ち出されます。

ワーカーズコープは、失業対策事業を生業《なりわい》にしていた人びとが、事業の縮小・廃止で働く場を失うなかで、自分たちで仕事を起こしていこうとつくった団体です。

「最初の職場だった清掃現場では、働いている六人のうち、四人が何らかのかたちで障がいがありました。なかには、二十代半ばにワーカーズコープで仕事を始めて、数年経ってから知的障がいがあることがわかった人もいました」

作業所とは違い、対等な条件で受け入れて、一人ぶんの仕事を引き出していく。経済効率を重視するのではなく、仲間同士で支えていくというワーカーズコープの理念は、困難な課題を抱えた人たちの支援でも力を発揮しているそうです。

現在では、生活保護利用者を対象として、①就労支援、②就労意欲喚起、③高齢者見守り、④財産管理、⑤学習支援など、北は北海道から南は沖縄県まで、全国二五の自治体から事業を受託しています。このほか、パーソナル・サポート・モデル事業や若者サポートステーションの運営も手がける、全国有数の自立・就労支援団体となっています。

## 実績重視の行政主導モデル

安さんは、関西の地方都市と東京都某区の二カ所で若者支援に関わっています。同じ若者支援でも、地方と都市部では運営の仕方がまったく違うといいます。

「東京の若者支援は、行政主導のモデルです。若者支援を行う意味、事業実施のコンセプトや計画、評価などを徹底して議論しました。相談者数、登録者数、就職者数といった数字にも着目し、実績をあげることを重視しています。二〇一二年度の実績は、正社員の割合が半分を占めており、おそらく全国一、二位の成果を出しています」

安さんは少し表情を曇らせて、「東京の若者支援は、私が来る前は正直いってうまくいっていなかったんです」と教えてくれました。

「前任者は、利用者のための居場所をつくりたいと行政に提案していたのですが、うまくいっていませんでした。行政の幹部は、『就職をさせるために支援をしているのに、なぜ滞留させるような機能をつけるのか』と怒ってしまって……」

フリースペースがあれば個別支援の数が増えることや、当事者同士の仲間づくりや集団によるグループワークもできる。支援の効果もあがり、就職率もアップすると説得したそうです。

「プログラムの実施には、どのような意図や効果があるのかのコンセプトづくりが必要なことを学びました」と、安さんはいいます。

行政は議会への説明責任も果たしていかなければなりません。実績のあがらない若者支援に危機感をもったのでしょう。立て直しのために、行政幹部がリーダーシップをとって改革を進めていきました。

「従来型の若者支援では、発達障がいやコミュニケーションが苦手といった複数の就労阻害要因がある人を支援していました。必然的に、プログラムもコミュニケーション・セミナーなど、人と話すことを練習するものが中心となります。一年、二年と時間をかけて、それでも就職できるかどうかわからないという人がおもな対象者だったのです。

高齢者のデイサービスのうち、認知症など症状が重い人ばかりのデイサービスでは、比較的軽度の方には『ここは自分に合わない』と敬遠されてしまいます。若者支援もそれは同じで、すぐに就職したい人は利用せず、就労支援策としては実績のあがらない事業になっていました。

そこで、コンセプトを変更し、就職希望者のなかでも比較的就職しやすい上位層を取り込んでいくことにしたのです。第二新卒者や大学卒業後にすぐに仕事を辞めてしまった人、国家公務員試験に合格できるような優秀な人も対象としています」

コンセプトを練りなおすことで、東京の若者支援は、全国でもトップレベルの実績をあげるようになりました。

## 地域就労創出型というもう一つのモデル

数値実績では東京に及ばないが、と前置きをしたうえで、安さんはもう一つのモデルを教えてくれました。安さんが関西にいたときに携わったある地方都市のモデルです。

「地方の若者支援は『地域就労創出型モデル』です。日本海側に位置する人口八万人ほどの地方都市ですが、産業も少なく地域に雇用がありません。どこかに就職するというよりは、自分たちで仕事を起こしていくしかないと考えています。

限界集落にある廃校を使ってはどうかと市長から提案があり、介護ヘルパーの養成講座を開こうと提案したことがあります。失業した若者を集落に招き、介護の仕事をしながらその地域で生活できるしくみをつくろうという試みです。

たとえば、地方都市の介護事業では、働いて得られる収入には限界があります。一方で、住居にはほとんどお金がかかりません。農地などをシェアしながら食料を自給自足すれば、年収一〇〇万、二〇〇万でも生きていけるのではないか。こうしたしくみをつくり、若い人を呼んで村の担い手として育てていく、『仕事おこし』ができないかと考えたのです。

介護講座は実施したものの、実際にはこの構想は実現しませんでした。しかし、地域で若者が働くためのネットワークをつくっていこうという動きに発展させることができました。用水路や小さな小川を使ってできる小水力発電や、荒廃した山の権利者と契約を結んで山を守る自伐林業など、自然との調和を考えながら地域で仕事をつくろうとしています」

ワーカーズコープが大事にしたいのは、地域の潜在的ニーズと若者を結びつける地域就労創出型モデルです。言葉に力を込めて、安さんはいいます。

「地方では雇用の受け皿がないなかで、多くの若者が都会に出ていってしまいます。現状の就労支援では、仕事の質や生活の向上などは評価の対象とならず、すぐに辞めてしまっても就職件数としてカウントされます。失業者を地域の担い手に育てることや、地域全体を支える『まちづくり』や『地域づくり』は、単純に数字に表すことができません。

地域就労創出型モデルでは、若者支援の事業を中心として、その周辺に次々と新しい事業が生まれます。こうした取組が評価されるしくみをつくりたいですね」

## 「最短で最大の効果をあげる」ことの危険性

ワーカーズコープでは、働くことができる生活保護利用者への就労意欲喚起にも取り組んでいます。

安さんは、就労意欲喚起事業と若者支援には、共通する課題があるといいます。

「キャリアカウンセリングやハローワークへの同行を主体とする就労支援と違い、就労意欲喚起事業は直接的な成果に結びつきにくい現状があります。この点で、行政側にもブレーンが必要です。どうやって成果を表していくのか、知恵を絞らないとならない」

少ない資源で、最大の効果を、最短で行う。安さんは、この考え方だけでは危険だと指摘します。

最近、ワーカーズコープに、あるベンチャー企業から営業があったそうです。

「『弊社で三カ月程度のパソコン技能の職業訓練を企画しました。修了者は、弊社と個人事業主として契約することで時給三〇〇円から一〇〇〇円で、自宅でパソコンの内職をしていただくことができます。一人当たりの実績払いで契約してください』というのです。

ワーカーズコープの理念とは合わないので、お断りしましたが……」

話を聞いて思い浮かべたのは、内職商法です。「在宅で仕事をしませんか」「在宅ビジネスで高収入」などとダイレクトメールやチラシ広告、インターネット上の広告などで希望者を集め、仕事のために必要だとして高額な機材や検定試験のための教材を買わせる商法。実際には、仕事はほとんどなかったり、対価が支払われなかったりといったトラブルが多いようです。

職業訓練の受講者数や就職者数といった数字だけなら、こうしたやり方をすれば簡単に実績数値を水増しすることができます。しかし、自立支援策として見たときにはどうでしょう。業界にこうした風習が蔓延《まんえん》すれば、事業自体の信頼性が失われかねません。

安さんは、「就労支援はマッチングをするだけでは駄目で、定着しない。一人ひとりが抱える課題を丁寧に見ていかないと、制度そのものが形骸化してしまう」といいます。

## スケールの異なる北海道での学習支援

ワーカーズコープの下村朋史さんは、コミュニティセンターの運営や生活保護利用者の就労支援事業を経て、現在は、北海道事業本部事務局長として、ワーカーズコープが北海道で行っている事業の運営管理をしています。業務の中心となるのは、生活保護世帯の子どもたちを対象とした、学習支援事業の立ち上げです。

北海道庁では、二〇一三年から、それまでは一部の地域で実験的に取り組んでいた「子どもの健全育成支援事業」を全道に広げることを決めました。全道を一四のブロックに分け、ワーカーズコープはそのうちの六カ所を受託しています。フリースクールや障がい者の支援団体など、地域に受け皿となる団体がある場合はそこで、受け皿のないエリアについてはワーカーズコープが一括して引き受けています。

埼玉県や熊本県などいくつかの県では県全域を対象として同様の事業を展開していますが、北海道はスケールが違います。下村さんも、「なかなか現場を見にいけないのが悩み」と話していました。

「北海道は、先行して実施している埼玉県をモデルとしており、家庭訪問と学習教室の運営が支援の中心です。ただし、都市部と違って地域が広いため、一つのエリアでも移動に三時間、四時間かかることが珍しくありません。

このため、①一カ所に集合して勉強する拠点型、②個別に自宅を訪問して勉強を教える訪問型、③郵送や電子メールなどを活用する通信型、の三つの支援方式を併用しています。開始四カ月でプログラムの参加者は五〇人を超え、滑り出しは順調です」

## どうやって希望を伝えていくか

北海道では、学習支援の展開も都市部とはずいぶん違うと下村さんはいいます。

「北海道は生活保護の利用率が高く、町自体も小さいので、生活保護のことはよく聞くし、利用者の存在は珍しいことではありません。

プライバシーもあまりなく、離婚すればすぐに近所に知れわたります。人間関係が濃密で、小学校と中学校の九年間を、一つのクラスで同じメンバーと過ごすケースも少なくありません。

ですから、保護者は学習拠点に子どもを行かせることに抵抗感が強く、人目にふれないよう、自宅での支援を希望する方が多くなっています。学習拠点を利用して、生活保護を利用していることがわかってしまうことを気にしているのです。

また、北海道では高校進学率が一〇〇パーセントに近く、勉強しなくても高校に進学できます。都市部では定時制しか受験できないことも多いのですが、北海道では低学力の子どもにも全日制高校の進学ルートがあるのです。このため、保護者も子どもも、勉強しなきゃという雰囲気はあまりありません」

ただし、高校進学だけで問題が解決するわけではありません。下村さんは言葉を続けます。

「北海道では、将来の進路は二分されます。勉強のできる子は、自宅からかなり離れた高校に進学するのが当たり前になっています。そうでない子は地元の高校に行くのですが、その後の就職がなかなかないというのが現状です。

選択肢がないことを子どもたちも知っているので、諦めてしまっているんですね。高校を卒業しても、地元にはアルバイトしか働く場がない。そのなかでどう希望を伝えていけばいいのか、大きな課題だと考えています」

加えて、学習拠点の運営にも困難が伴います。

「都市部と違って学生ボランティアを確保することは容易ではありません。近くには大学もありませんから、学生もいません。

地域のボランティアをと思って探しても、そもそも若い人がいない。教員ＯＢの力を借りようと思って声をかけたのですが、すでに地域活動に顔役として参加しているので、とても身動きがとれない。

ボランティアで参加してくれる人たちがいないのです」

それでも——下村さんはいいます。

「地域に若い人がいないので、学習支援に若い人が参加し、その地域に入ること自体はとても歓迎されます。抵抗感なく地域に入っていけるという意味では、都市部よりもやりやすいかもしれません」

「『貧困は見ようとしないと、見えない』とよくいわれます。

生活保護利用者は、行政に守られている人たちです。個人情報の問題もあって、ふつうなら民間団体は支援に入っていくことができません。私たちも事業を受託したことで、初めて実情を知ることができたし、何ができるのかを考えるようになりました。多くの人に知ってもらうことが、第一歩なのだと思うのです。

私自身も北海道の生まれで、地元の友人の多くは厳しい労働条件で働いています。人も資源もないところで、生きていける場所をどうやってつくっていくのか。これは生活保護や生活困窮者だけの問題ではなく、地方に共通する大きな課題です。

優秀じゃない人でも、レールから落ちても大丈夫なように、受け皿をつくっていく。やりがいのある仕事だと思いますよ」

## 経験のなさをおぎない、つながりを結びなおす

認定ＮＰＯ法人　文化学習協同ネットワーク
清水貴之さん（若者支援スタッフ・中三勉強会担当）

### 始まりは小さな学習塾から

「文化学習協同ネットワークは、四十年前、現在も代表を務める佐藤洋作が、三鷹市で小さな学習塾を始めたことにさかのぼります。

勉強を教えるだけでなく、夏には合宿をしたり、父母運営の塾づくり運動に参加したり、ちょっと風変わりな活動をしていたそうです。

この間、落ちこぼれ、校内暴力、登校拒否・不登校、いじめと、子どもたちをめぐる問題はあとを絶たず、子どもたちの生活はどんどん息苦しいものになっていきました。近年では、社会的ひきこもりやニートなど、自立できない、仕事に就けない若者問題も深刻になっています。私たちはその時々のニーズに合わせて、不登校の子どもたちの居場所をつくった

り、発達障がいの子どもを対象とした学習支援を始めたり、若者サポートステーションを開設したりと、徐々に活動の範囲を広げてきました」

インタビューに答えてくれたのは、文化学習協同ネットワークの清水貴之さん。清水さんは、相模原市から委託を受け、生活保護を利用する子どもや若者の支援をしています。

おもな内容は、学生ボランティアが勉強を教える「中三勉強会」と、居場所スペース「piece」（ピース）の運営です。

「私が文化学習協同ネットワークに就職したのは、二年前の二〇一一年のことです。

その前は横浜市の青少年育成協会で、非常勤で働いていました。もっと前は看板広告会社、身体障がい者支援のＮＰＯ、損害保険会社の代理店など、いくつかの仕事をしています。ちょうど三十歳になる前に、子どもや若者に関わる仕事をしたいと考え、運よく横浜こども科学館の運営を受託していた青少年育成協会に採用してもらいました。しかし、運営管理は五年ごとの契約で、私が働きはじめた一年後には、ほかの民間企業に仕事を取られてしまいました。

非常勤での採用だったため、そのまま失職です。どうしようかと思っていたときに、職場で私の面倒を見てくれた先輩職員から、『ここで働いてみないか』と紹介されたんです。

スーツを着て面接に行ったんですが、代表の佐藤はフランクな人間で『まあ、とりあえず職員と話してみてよ』という感じで……。気がつくと就職していました」。そう苦笑する清水さん。

「ちょうど採用の時期に、相模原市で生活保護を利用している子どもたちの勉強会が始まることになり、文化学習協同ネットワークがその事業を受託することになりました。採用後すぐに生活保護世帯の子どもたちを対象とした『中三勉強会』の運営に携わることになり、そのままの流れで居場所づくりも担当することになったのです」

二〇〇八年に厚生労働省が「子どもの健全育成支援事業」を事業予算として採択しました。釧路市や横浜市で実験的に行われていた生活保護を利用する子どもたちへの支援に予算がつくようになり、以降、全国で学習会を開催する動きが広がっていきます。

相模原市で始まった学習支援や居場所づくりの取組も、その一つです。

## 大人を信じられない子どもたち

「この事業に関わるまで、生活保護のことはほとんど何も知りませんでした。

事業の対象となる子どもたちのことも、ただ漠然と、困難な課題を抱えているんだろうといった程度のイメージしかなかった。

相手のことよりも自分自身に経験がないことのほうが心配でした。青少年育成協会での仕事も庶務が中心で、子どもたちと関わることは多くはなかったので」

心配は杞憂《きゆう》でした。実際に会ってみれば、ふつうの子どもたちと変わらなかったといいます。

「ただ、深く付き合うようになっていくと、家庭の状況が見えてくるんですね。いままでの私の人生では想像もできないくらい困難な家庭環境にいる子どもたちと、たくさん出会いました」

「ピースでは、月、水、金の三日間、『食育』として、子どもたちと一緒に買い物に行き、皆でご飯をつくって食べています。子どもたちのなかには、自宅の電気や水道が止まり、ほとんど何も食べていないという子もいました。

子どもたちの姿を見ていると、自分は贅沢だと思うこともあります。五〇〇〇円のお弁当を買って事務所の片隅で食べるのですが、子どもたちに意識がいってしまって……」

食べられない子もいるのに、なぜ自分だけと罪悪感にさいなまれることもあったと話す清水さん。

「ひと口に生活保護世帯といっても、いろいろあります。

お母さんが節約上手で、子どもを塾に行かせているような家庭がある一方で、生活保護費を自分だけで使ってしまって子どもにはほとんど渡さない親や、炊事や洗濯などを子どもに頼りきっている親もいます。親が心理的に子どもをコントロールしてしまって、子どもが自由に行動できていないことも。ピースに通ってくる子は、後者のケースが多いですね」

こうした子どもたちは、大人を信じることを知らない。だから、信じることができる大人の姿を見せることが、最初にしなければならないことだ。自信はないのだけど、と清水さんは笑います。

「学習支援だけでなく、生活の支援も大切にしています。

勉強だけではなくて、経済的自立、社会生活の自立、日常生活の自立という三つの視点で、一人で生活していくための力をつける。

たとえば、独り暮らしをするためには、どんなものが必要なのか。お米を炊いて、料理をつくり、食べる。当たり前の生活というものがどんなものか、経験してもらうことを大事にしています。

参加する子どもたちのなかには、包丁の使い方さえ知らない子がいます。

カレーをつくるときに、『どうせ、温めるだけでしょ』というのです。十代後半の子なんですが、家ではレトルトのカレーしか食べたことがなかった。野菜を切って、炒めて、煮込んで、カレールーで仕上げる。ふつうのカレーのつくり方を知らなかったのです」

## 商店街に居場所をつくる

清水さんは、立ち上げ時から関わっている中三勉強会も担当しています。

「中三勉強会は、今年から市内五カ所に広がりました。一教室当たり多いところで三〇人、平均すると一五人程度が通ってきます。勉強時間は一日二時間、大学生のボランティアがマンツーマンで指導します。

相模原では、NPO職員や大学生、教員OBなどのボランティアに加え、生活保護のケースワーカーも勉強会に参加してくれているんです」

勉強会といっても運営の方法はさまざま。NPOにすべてを任せている福祉事務所があるなかで、ケースワーカーも勉強会に参加しているのは、珍しいケースです。理由を聞くと、相模原市では担当部署の課長をはじめケースワーカーが中心となって取組を進めてきた歴史があり、福祉事務所全体として、一緒にやっていこうという雰囲気があるそうです。

清水さんは、事業を立ち上げていく際にも、いろいろな面でバックアップがあったと話してくれました。

「商店街とのつながりができたのは、相模原市のおかげです。

事業開始当初の担当課長は、以前、商業観光課にいたことがあり、市内の商店街の状況をよく知っていました。小さいながらも活気があり、人と人とのつながりが残っている東林間の商店街に居場所スペースを開設することを勧めてくれたのも、この担当課長さんです。

地元商店街の会長も紹介していただきました。いまでは、商店街で行っている月一回の草むしりボランティアや、自治会で行うお祭りなど、商店街で行われるイベントには、子どもや若者だけでなく、たくさんの生活保護利用者が参加しています。

文化学習協同ネットワークも地元商店街の会員となり、地域を支えるお手伝いをさせていただいています。八月には、商店街が主催する夏祭りがありました。阿波踊りがメインなんですけど、ピースでもチームをつくって参加できないかとスタッフで話をしているんです。でも、なかなか難しいですね。何かきっかけがあれば、と思うんですが」

商店街全体で地域に住む子どもたちを育てていこう。そうすれば、子どもたちは商店街に愛着をもつようになり、成長したあとは支え手として商店街を守っていってくれる——そういって、当時の商店街会長は、その任を降りたあとも陰に陽に支援をしてくれるそうです。

インタビュー当日も、スケジュールボードには交通量調査の案内が出ていました。商店街を通じてアルバイトを請け負って、ピースの利用者と一緒にやっているそうです。利用者には手元にお金が入り、商店街も助かる。調査会社に委託したら、到底、期待することができない効果です。

## 情報を共有するしくみづくり

「ピースで支援をしていくかどうかは、必ず相模原市の福祉事務所とカンファレンスをしています」と清水さん。

カンファレンスとは、支援に関わる職員が一堂に会し、その人の支援をどのようにしていくのかを話し合う集まりです。一人に何人もの支援者が関わるときに、それぞれが勝手な考えで関わると、利用者が混乱してしまいます。また、深刻な問題を担当者一人が抱え込み、利用者との距離が近くなりすぎたり、逆に、利用者と敵対関係になってしまったりすることを避ける意味でも、ケースカンファレンスは重要な役割を果たしています。

ただ、どの担当者も忙しいので、必要なことはわかっていても、なかなかカンファレンスを開くことができないのが実態です。相模原ではルールを設けることで、易《やす》きに流れないよう歯止めをかけているのでしょう。

「カンファレンスでは、ケースワーカーやほかの自立支援相談員と一緒に、子どもたちが育ってきた環境や家族が抱える課題などを共有します。ケースワーカーが書いた記録を読ませていただくこともあるのですが、両親の学歴や職歴、どのような経緯で経済的に困窮して生活保護に至ったのかといったことが書かれています。その詳細な調査には驚くばかりです。

しかし、子どもたちのことは、意外にケースワーカーは知りません。

八〇世帯も担当しているなかで、親はともかく、子どもたち一人ひとりの細かい状況まで把握する余裕はないのです。勉強会に参加する子どもを見て『あれがだれだれさんの子どもなんだ』とか、じつは学校でいじめられているといったことを知るのです」

「子どもたちの生活を最初に知るのは、大学生のボランティアです。リスク管理はしっかりとして、大学生だけで情報を抱えることがないよう、しっかり指導しています」

そういって、大学生のボランティアがみずから制作したしおりを見せてくれました。そこには、「子どもたちと秘密を共有しない」「連絡先の交換はしない」といった約束ごとと、なぜそうした約束をする必要があるのかが、しっかりと書き込まれています。

「夏にはNPOで運営している農場、『風のすみか農場』（通称ニローネ）というのですが、そこに二泊三日の合宿に行きます。築百七十年の古民家を地元のオーナーから借り受け、三人の職員が常勤で働いていて、少し前に放映された『ザ！鉄腕！DASH!!』（日本テレビ）の古民家のイメージそのままです」

ちなみに、ピースのプログラムとして、商店街の畳屋さんに協力してもらい、古くて汚くなった古民家の畳を新しいものに替えたんですよ――清水さんは、楽しそうに話します。ここでもまた、商店街や地域とのつながりが、手厚い支援を可能にしているのです。

## 人と人との関係性が壊れている

印象に残っている子はいますか。そうたずねると、清水さんはピースを利用する二十二歳の青年の話をしてくれました。

「初対面の印象は髪の毛が長く、言葉もほとんど話さず、暗い印象でした。就労体験でニローネに通っていたんですけど、駅から離れているので、バスか職員の車に同乗するかしないと、とても行けないところにあるんですね。

あるとき、彼は勘違いをして休みの日に来てしまって……そのまま、一人で歩いてニローネに来ました。歩いたら、二時間は優にかかる距離です。本人に聞いたら、大変だったというのですが、『なぜ』という思いのほうが先にきました」

聞いていて、私も出会ったことがある子どもたちの顔が何人か浮かびました。

不器用といってしまえばそれまでなのですが、事務所に電話をして予定を確認するといった、ふつうの人なら当たり前に思いつくことができない。社会経験の乏しさや、自分に対する自信のなさが、ふつうの人なら何でもないことでも、高いハードルになってしまうのです。

「彼は、母親と妹との三人家族です。母親は精神的に不安定で、少し前まで精神病院に強制入院になっていました。退院後も病状は安定せず、母親のストレスがそのまま兄妹にぶつけられていました。そこで、兄はピースに、中学三年生になる妹には勉強会に、それぞれ通ってもらうことにしたんです」

家族のほかに関わる人が増えることで、彼も少しずつ変わっていった。清水さんは、言葉を続けます。

「商店街のイベントなどに参加することで、徐々に笑顔を見せるようになってきました。あるとき、ひょんなことから学歴の話になって、高校を中退したことを後悔しているという話が出たんですね。そのうちに、もう一度、高校に行きたいという話になりました。受験日も間近だったのですが、彼は自分で高校を受けることを決めたんです。それからは、週に三回くらいピースに通ってきて、ずっと勉強していました」

じつは真面目にしっかりやるタイプの青年だったんです、と話す清水さん。彼は、成人枠で受験して合格し、いまは高校に通っているそうです。

こんなことがあった、と話してくれました。

「ピースでお祭りの打ち上げをやったときのことです。彼は、『こういうのも大事だよね』と何度も繰り返していました。私にとってはイベントのあとに打ち上げをするのは当たり前のことですが、彼にとっては、皆で一緒に苦労をねぎらうのは、ほとんど初めての経験だったのです。

現代の日本で、子どもや若者たちは多くのストレスを抱え、さまざまな問題が発生しています。しかし、それは彼らの心が壊れているからではなく、人と人との関係性が壊れているからではないでしょうか。そうした経験のなさをおぎない、つながりを結びなおしていく。彼は、その過程で変わっていったと思うのです」

# 第8章

# 「日本を支える人」を増やすために

## 生活困窮者支援を展開するための三つの鍵

新しい生活困窮者支援のしくみを全国に展開していくためには、図表24のような「事業拡大の黄金の三角形」の循環をつくらなければなりません。「黄金の三角形」というのは私がつくった言葉ですが、それほど新しい概念ではありません。

第一の鍵は「財源」です。どれほど立派な理念を掲げても（そう、子どもの貧困対策法のように）、実効性がなければ意味がありません。自立相談支援事業にしても、その他の支援のメニューにしても、まず必要になるのは職員の人件費です。このほかにも、事務所の運営経費や机やパソコンなどの事務用品、移動のための交通費など、最低限の費用は確保しなければならない。しかし、財政に余裕があるわけではありません。仮に法案が成立して一時的に予算がついたとしても、民主党が行った事業仕分けのように、早晩、見直しの憂き目にあう可能性は十分にあります。

では、安定した財源を確保するために求められるものは何でしょうか。

それが、第二の鍵となる「評価」です。

国民皆が「この事業はなくてはならないものだ」「もっと予算をつけてやるべき」といえ

ば、何もしなくても財源は確保できます。ただし、国民全員が賛成という制度は、まずありえません。年金や医療は比較的多くの方が支持していますが、運用の点では激論が交わされています。生活困窮者支援は新しく始まる制度であり、その評価はこれからです。どうやって国民から支持を得ていくのか。これが第二の鍵になります。

最後の鍵は「体制」です。多くの利用者に対して、より質の高い支援を提供するためには、専門性の高い人材がたくさん必要です。また、その人材が最大限の力を発揮できるように、環境を効率化し、既存の関係機関と連携するしくみを整え、生活に困難を抱える人に利用を呼びかけていかなければなりません。

「財源」「評価」「体制」は不可分の要素で、どれか一つが欠けていても事業はうまくいきません。

しかし、議論の俎上《そじょう》に載るのは、目に見えやすい現場の人員体制になりがちです。「専門性のある人材がいない」「職員の身分が不安定である」「ＮＰＯのよさを行

**図表24　事業拡大の黄金の三角形**

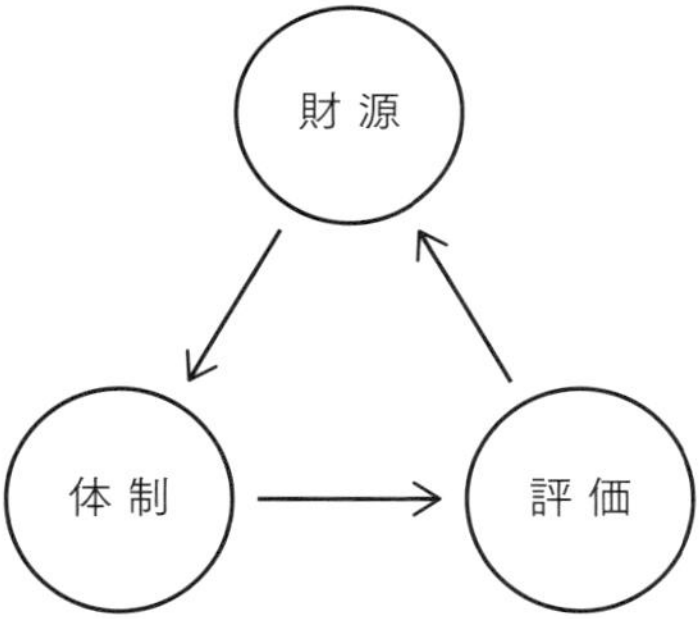

政が理解していない」など……。

たしかに、こうした議論も大切なものです。しかし、考えてみてください。体制を整備するためには、財源がいります。財源を確保するためには、国民から評価されなければなりません。どのように三つのサイクルの好循環をつくり、発展させていくのか。すべての要素に目を配りながら、バランスをとっていかなければならないのです。

## 財源確保の要諦

では、三つのサイクルを考えるうえでポイントとなるものは何でしょうか。

私は、評価であると考えています。先に述べたように、国民の評価が得られなければ、財源も確保できず、体制整備もおぼつかないからです。

この評価という視点から、まず、財源について考えてみましょう。

厚生労働省が提出した生活困窮者自立支援法の資料では、法案成立後の予算についても説明されています。自治体の必須事業となる自立相談支援事業と居住確保支援の国庫負担は四分の三となる一方で、就労支援は三分の二、その他の事業は二分の一です。

これに対して、全国知事会は、二〇一三年四月二十二日に提出した「生活困窮者自立支援法案（仮称）」に関する意見の冒頭で、「法案において、必須事業の国庫負担が四分の三とされていることについては、生活保護と同率でありやむを得ないものと考えるが、就労準備支援事業等の任意事業についても、今後の事業実態を踏まえ、必須事業に準じた国庫補助率とするよう検討すべきである」と述べています。

地方の財政は悪化の一途をたどっています。大阪市の一般会計に占める生活保護費の割合は、二〇一三年度予算案で一七・八パーセント、二九六七億円にのぼりました。台東区や板橋区など、利用者が多い区部では、一般会計に占める割合はすでに二〇パーセントを超えています。生活保護利用者の増加に対応するためにケースワーカーを増員しているなかで、さらに新しい事業を立ち上げ、一般会計から財源を捻出するのはきわめて困難です。

貧困の根絶をめざし、社会全体の底上げを図るのは国家としての一大事業です。厚生労働省は強いリーダーシップを発揮し、自治体が安心して事業を行うことができる環境整備をすべきでしょう。

貧困問題が解決に向かわない大きな理由は、解決に向けた支援のメニューがないことにあります。自立相談支援事業で司令塔をつくり、生活困窮者を見つけたとしても、解決のメニューがなければ「生活保護につなぐ」中継機関になってしまうでしょう。これでは、生活保護費を削減するどころか、さらなる支出を招くだけになってしまいます。

あるいは逆に、委託元の自治体の意を受けて「生活保護から生活困窮者を遠ざける」機能ばかりが強調され、結果として貧困を放置し、事態をよりいっそう深刻なものにしてしまう可能性もあります。どちらも、本来期待される役割とはほど遠いものです。

子どもの貧困対策という点でも、子ども・若者関係の事業が補助率二分の一では、多くの自治体が実施に二の足を踏んでしまいます。やはり、全国知事会の提言のように、支援メニューの多くを四分の三程度まで引き上げていくべきではないでしょうか。

しかし、厚生労働省は、「自立相談支援事業を四分の三にするだけでも苦労したのに、ほかの任意事業まで四分の三負担にするなど、とてもできない」というかもしれません。

お金がないのは、国も同じことです。

国の財政の基本ルールとして、「ペイ・アズ・ユー・ゴー」(pay as you go) があります。二〇一〇年六月に閣議決定された財政運営の原則で、歳出増を伴う施策や減税を新たに実施する場合は、ほかの歳出削減などによって安定的な代替財源を確保するよう求める原則です。

天下国家を論じるように、ペイ・アズ・ユー・ゴー原則がおかしいと批判することも大切なことでしょう。しかし、原則の撤廃は容易なことではありません。現実を見据え、目の前の生活困窮者の生活をよりよいものにするために、いま、できることは何かと考えることも、同じように大切なことだと思うのです。

現状のルールを前提にした場合、生活困窮者支援の拡充を求める際の代替として求められるものは、何でしょうか。

だれもがすぐに思いつき、納得できるのは、生活保護費の削減です。

生活困窮者が適切な支援を受けて、生活保護から脱却する。その結果、生活保護費の削減につながる。美しいストーリーです。少なくとも、短期的には、一般の国民に対して、「貧困の撲滅《ぼくめつ》は可能である」「生活保護利用者への支援を手厚くすることで、眠っていた力を引き出すことができる」という力強いメッセージを発信することは絶対に必要です。

財務省は、第5章で取り上げた審議会の議論のなかで、「政策目的、施策の対象者、施策の対象地域などについて、選択と集中が図られないまま、種々の相談員・支援員を配置した場合や、生活保護とは異なる新たな低所得者層向けの給付を新設した場合、新たなバラマキや行政の肥大化につながらないか」という指摘をしています。妥当な見解である、と思います。

とりわけ、法施行前に実施されるモデル事業では、景気や雇用の対策とあわせて、選択と集中によって支援の対象者を絞り込み、就職率や進学率といった「目に見える」成果が求められます。残念ながら、自立相談支援事業は、その事業内容の性格上、相談件数や他機関への紹介件数といった、インパクトの弱い成果しか提示することができません。

評価を第一に考えたときには、むしろ、個別メニューのなかから選択と集中を行い、短期間で出せるメニューに強いインセンティブを付与し、政策の牽引《けんいん》役とすることがあってもいい。

私は、そう考えています。

## 〝いいとこ取り〟がもたらす見かけ上の成果

一方で、「短期的な成果をめざす」という方針は、諸刃の剣でもあります。

就労支援の成果といわれたときに、皆さんは何を想像されますか。

第一に想像されるのは、就職率でしょう。生活保護の分野でいえば、生活保護からの脱却率ということになります。短期的にこうした数字をあげるためには、どうすればいいでしょう。

簡単なことです。プログラムに参加する対象者を選別し、すぐに就職でき、保護から脱却できそうな人だけを支援すればいいのです。

たとえば、二十代で大学を卒業したばかりで、最初に入った企業はどうにも相性が悪くて退職してしまった人がいます。英語も堪能で司法書士の資格をもち、就職活動に向けた意欲が高い。友人、知人も多く、たくさんの支援メニューのなかから自分に合ったものを選び取る力もあります。コミュニケーション能力も高く、面接官から笑いを引き出すテクニックにも長《た》けています。

他方、四十代後半でいままで経験した仕事は工場労働や建築現場の肉体労働だけ。最近は腰痛がひどくて医師からは肉体労働は難しいといわれています。本人は「就職活動はそれなりにしている」といいますが、ハローワークに行った回数など、具体的な話になるとしどろもどろ。少し難しい質問を投げかけると、うつむいて何も話さなくなってしまいます。

こうした二人を比べた場合に、どちらが就職に結びつきやすいかは明らかでしょう。

就職率だけを評価の指標として採用すると、事業者に就職できそうな人だけを支援するインセンティブが強く働き、時間がかかりそうな難しい人は排除される傾向が強くなるのです。

これを「クリームスキミング」といいます。いわば、いいとこ取りです。

リーマンショックが発生したとき、ハローワークでは一斉に「新卒者就職応援プロジェクト」を行いました。大学などを新卒で卒業した人に対して、一人ひとりに合ったマンツーマン方式で就職活動をサポートするものです。一方で、派遣切りや雇止めにあった失業者へのサポートについては、絶無ではないものの、扱いはずっと消極的なものに留まりました。クリームスキミングの典型例といえるでしょう。

財務省の提言のなかでも、「生活保護を利用してすぐの人に、集中して支援をすれば高い効果を得ることができる」という指摘がありました。これはたしかにそのとおりではあるのですが、同時に「では、保護が長期化した人には何の支援も提供せずに、ずるずるとそのまま保護を利用させておけばいいのか」という疑問も生じます。

福祉事務所の現場では、「若くてやる気のある人は、何の支援をしなくても、自分で就職先を見つけて勝手に自立していく」というのは定説になっています。難しいのは、「やる気がない、もしくは、やる気がないように見える」人たちの支援です。

声に生気がなく、呼びかけても生返事。髪は乱れ、服装にも気を遣わず、猫背で、約束の時間になっても現れない。NHKスペシャル『生活保護3兆円の衝撃』で紹介された方のイメージが、現実の生活困窮者の姿です。

同じことが、子どもの貧困対策についてもいえます。高校進学率の向上といった数値は、たしかに人に訴えかけるものがあります。「ほう、すごい」と関心してもらうこともできるでしょう。しかし、実務上でいえば、「強い進学希望をもつ子」だけを支援の対象とし、不登校で自宅にひきこもり、他人との接触を拒否する子は見ないふりをすることで、見かけ上の進学率をあげることはできるのです。

いいとこ取りだけを続けていけば、結局はじり貧になり、貧困は解消されません。就職率のようなわかりやすい数値目標を追い求めるだけでは、問題を解決することはできないのです。

## 長期的な成果を検証するしくみづくり

では、数値目標は害悪でしかないのでしょうか。そうは思いません。

いくら意義のある事業をしても、事後に評価ができなければ意味はありません。社会福祉に深い造詣《ぞうけい》のある人や、現場の実践家や貧困問題の研究者、人権モデルを支持する人たちに「いい支援をしているね」といわれるだけでは、事業を続けていくことはできないのです。

行政機関が税金を原資として事業を行っている以上、その負担をしている納税者の皆さんにとっても効果が実感できるよう、「どう伝えていくか」には心を砕かなければなりません。

短期的には、だれにでもわかる「成果」が必要です。高校進学率の向上や就職決定者数、生活保護から経済的に脱却できた人など、わかりやすい数字で現場の変化を伝えていく必要があります。この点は、財務省＝適正化モデルの主張は至極もっともです。

しかし、ほんとうの事業評価をするには、それだけでは不十分です。

子どもの貧困を防ぐためには、たんに高校に進学できればいいわけではありません。中退せずに卒業し、安定した仕事に就き、社会を支える側になってもらうことで、初めて「事業の効果があった」ということができるのです。

こうした長期的なスパンで成果を検証するためには、年齢ごとに輪切りにされている学校教育の体制に合わせるのではなく、中学から高校、そして大学進学や就職まで、継続的にデータを取っていかなければなりません。こうした調査手法は「パネル調査」と呼ばれ、イギリスの貧困対策を検証する際にも大きな力を発揮しました。

中間的就労や家計管理といったほかの支援メニューについても同じことがいえます。生活困窮者の背景は多様です。障害の有無、福祉サービスの利用状況だけでなく、借金やホームレス経験、虐待、幼少時の生活保護利用歴など、支援の困難性をしっかりと把握し、マンパワーの必要性を説明していくことが求められます。

そして、支援の結果、生活がどのように変化したのかを追跡調査し、その有効性を検証する作業も不可欠です。

残念なことに現在の日本では、生活保護利用者については男女や年齢、世帯類型などの数値をカウントした統計データしかありません。パネル調査のような大規模な調査を実施するためには、利用者ごとの電子カルテを作成し、基礎データを収集するしくみがいります。いわば、顧客データベースです。

また、公平性・中立性を担保するためには、行政機関内部での評価ではなく、大学研究者やシンクタンクなどの第三者がデータベースを使って分析・評価していくことが必要です。長期的には個人情報保護などの対策をとったうえで、基礎データがだれでも入手でき、独自に成果を検証できるようなしくみもつくっていくべきでしょう。

しかし、新しい生活困窮者支援の議論では、成果を検証するための基礎的なデータの収集については、ほとんど話題になっていません。数年後に成果を問われたときに、「じつはデータを取っていませんでした」では、何のために事業を行うのかわかりません。

こうした事業評価に悩んでいるのは、日本だけではありません。アメリカやイギリスでは、事業の社会的な価値を測る物差しとしてＳＲＯＩ（Social Return On Investment：社会的投資収益率）という分析手法が一般化しており、日本でも試行的取組が始まっています。

## 社会的価値の計測手法

ＳＲＯＩとは、ソーシャルビジネスのパフォーマンスを測る指標として、一九九〇年代後半、米国のファンドであるＲＥＤＦ（Roberts Enterprise Development Foundation）が開発したものです。日本では、野村総合研究所が中心となり、ＳＲＯＩの導入に向けた検討が進められています。同研究所のレポート「ソーシャルイノベーションの加速に向けたＳＲＯＩとＳＩＢ活用のススメ」から、その概要をご紹介しましょう。

従来、投資判断に用いられてきたＲＯＩ（Return On Investment：投資収益率）のように、経済的収益だけに着目した判断基準では、ソーシャルビジネスが算出する価値を評価し、投資判断を行うことは困難でした。

そこで、経済的収益に加えて社会的収益にも着目し、事業を評価する手法として開発されたのがＳＲＯＩです。とくに、これまで計測が難しかった社会的収益についても、貨幣価値に換算して評価対象とすることから、従来よりも広い範囲で価値を測定し、評価することができる手法として注目されます。

その後、英国のシンクタンクであるＮＥＦ（New Economics Foundation）がＳＲＯＩを応用・発展させ、社会的価値のみを計測できる手法を開発しました。

ＮＥＦのＳＲＯＩは、事業によって創出された社会的価値を貨幣価値に換算した結果と、その価値を創出するために投じられた費用とを比較することで算出します。

**ＳＲＯＩ（社会的投資収益率）＝貨幣価値に換算された社会的価値÷投入された費用**

「貨幣価値に換算された社会的価値」とは、たとえば、当該事業によって就労を実現した対象者が獲得した賃金、対象者の健康状態の改善による社会保障費や医療費の削減、税収の増加といったものが対象となります。一方、「投入された費用」とは、たとえば、人件費などの事業経費などです。

## 合理性の高い分析モデルとしてのＳＲＯＩ

英国の Cabinet Office（内閣府）が発行する“Social Return Investment”では、インパクトマッ

プを用いて、その事業がもたらした価値を生み出す過程（価値連鎖）を「見える化」する取組を行っています。図表25はその一例です。

インパクトマップは、事業の利用者（ステークホルダー）に対して、その事業がどのような変化をもたらしたかを表します。投入費用（インプット）、実施した活動（アウトプット）、成果（アウトカム）を一覧にすることで、その事業の効果をだれにでもわかりやすく提示したものです。

さらに、インパクトマップで明らかになった成果を貨幣価値に換算し、当該事業が行われなくても生じたであろう割合などの要因を考慮したうえで、利用者一人当たりの価値（インパクト）を特定します。これを足し合わせ、その結果を投資費用と比較することで、SROIが算出されるのです。

日本では、若者就労支援を行っているNPO法人「育て上げ」ネットと日本マイクロソフト株式会社が共同で実施している「ITを活用した若者就労支援プロジェクト」が、SROIの手法を用いて事業評価を実施したほか、前述の野村総合研究所が高齢者福祉分野でのSROI分析を試行しています。

このほかに、SROIの特徴として、利用者に分析プロセスへの参加を求めることがあげ

## 図表25　インパクトマップの例

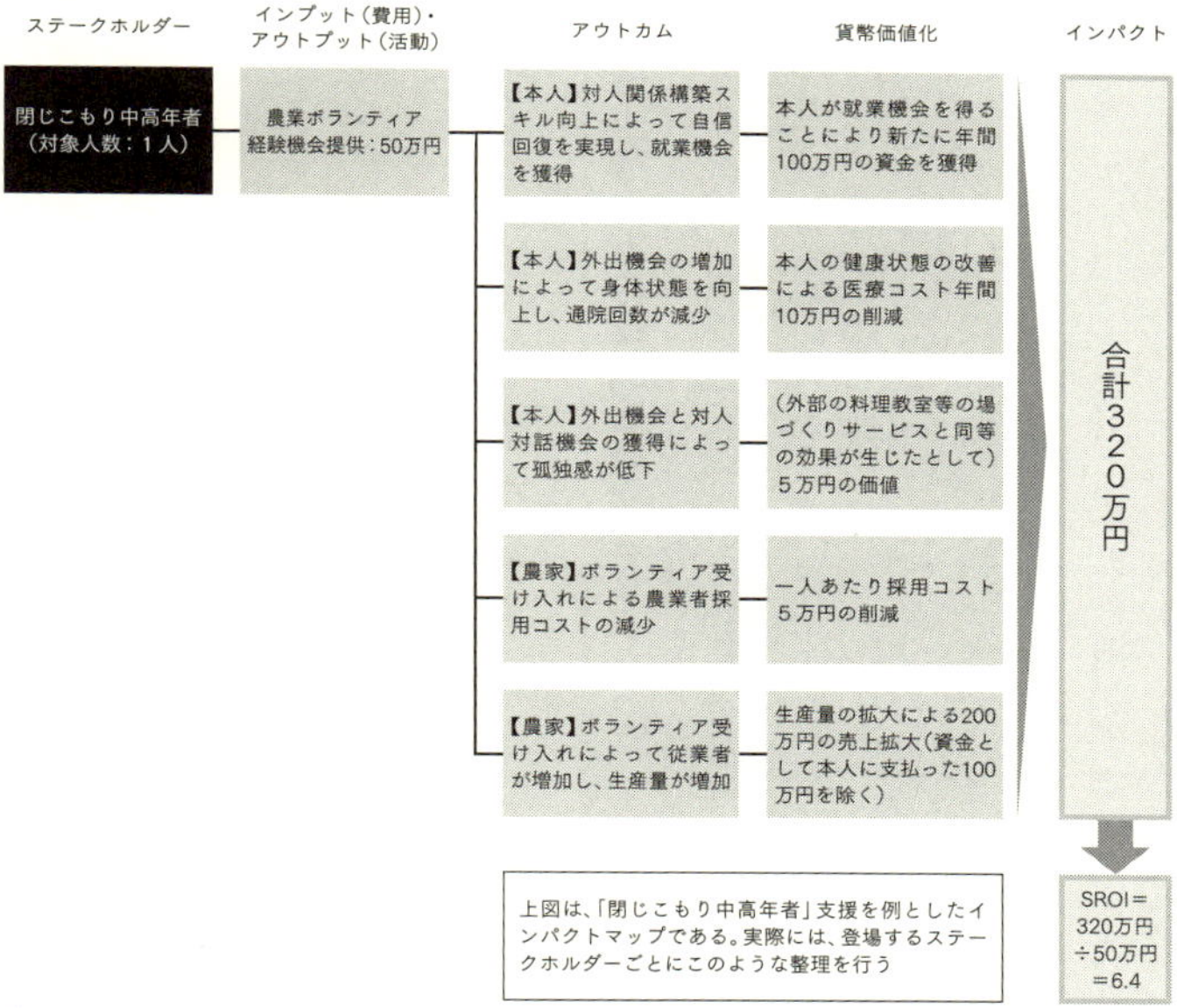
ステークホルダー
インプット（費用）・アウトプット（活動）
アウトカム
貨幣価値化
インパクト
閉じこもり中高年者（対象人数：1人）
農業ボランティア経験機会提供：50万円
【本人】対人関係構築スキル向上によって自信回復を実現し、就業機会を獲得
本人が就業機会を得ることにより新たに年間100万円の資金を獲得
【本人】外出機会の増加によって身体状態を向上し、通院回数が減少
本人の健康状態の改善による医療コスト年間10万円の削減
【本人】外出機会と対人対話機会の獲得によって孤独感が低下
（外部の料理教室等の場づくりサービスと同等の効果が生じたとして）5万円の価値
【農家】ボランティア受け入れによる農業者採用コストの減少
一人あたり採用コスト5万円の削減
【農家】ボランティア受け入れによって従業者が増加し、生産量が増加
生産量の拡大による200万円の売上拡大（資金として本人に支払った100万円を除く）
合計320万円
SROI＝320万円÷50万円＝6.4
上図は、「閉じこもり中高年者」支援を例としたインパクトマップである。実際には、登場するステークホルダーごとにこのような整理を行う

出所：ソーシャルイノベーションの加速に向けたSROIとSIB活用のススメ（野村総合研究所）2012年

られます。成果の評価をするためには、利用者がその支援に満足していなければなりません。行政が「上から目線」でプログラムを策定したり、就職はできても本人が満足していなければ、当然、評価は低いものです。

新しい生活困窮者支援のメニューの多くは、利用者の自発的な利用希望を前提とする一方で、生活保護法では利用者の健康管理や生活の維持向上に努めることが義務づけられます。

人権モデルの立場からは、「新しい生活困窮者支援のしくみは、生活保護利用者にプログラムの参加を義務づけるものになるのではないか」という懸念の声があがっています。プログラムの評価に利用者が参画することができれば、こうした懸念は相当程度、払拭《ふっしょく》することができるでしょう。

実際のところ、プログラムの成否は参加者の意欲による部分に大きく左右されるため、強制的にプログラムに参加させても効果は期待できません。この点でも、ＳＲＯＩは合理性の高い分析モデルといえるでしょう。

## まずは厚生労働省の体制を充実させよ

生活困窮者支援を拡充させる道筋は、目新しいものではありません。

国民にとってわかりやすい成果を提示することで、短期的な評価を獲得する。その評価をもとに財源を確保し、体制の充実を図る。並行して、長期的な評価を得るための指標の開発を急ぎ、分析に耐えうる基礎データの蓄積を図っていく。

地味で、泥臭く、目に見えにくいものです。黒子の作業といってもいいでしょう。

しかし、こうした実施の工程表を細部までつくり込み、それを確実に実行していく作業こそが、制度の信頼性を高めるための王道です。

工程表の作成は、どうしても理想像を追い求めがちです。利用者は不公平がないように幅広く、すべての地域で、全年齢に対応できるほうがいい。あれもこれもといっているうちに内容は肥大化し、現場の実態とはかけ離れたものになりがちです。

しかも、社会に貧困が広がり、生活保護の利用者が急増するなかで、生活保護や生活困窮者支援に興味をもつ人は増えています。一人ひとりの要望や批判に耳を傾けるのにも、人的なリソースを割かなければならないのです。

こうした膨大な調整コストを支払っても、すべての人の意見を一〇〇パーセント反映することは、現実的にありえません。どこかで「えいやっ」と方針を決め、動き出さなければならない。不満げな関係者に理解を求め、ともに汗をかく仲間を増やしていくためには、高いマネジメント能力が不可欠ですし、もちろん人手も必要です。

この点で、最優先で体制を充実させなければならないのは、現場ではありません。押さえるべきは厚生労働省です。

現在の厚生労働省では、新しい生活困窮者支援の体制づくりは地域福祉課が、生活保護制度の見直しは保護課がそれぞれ担当しています。

国会からの問い合わせ、財務省への説明、関係省庁への根回し。こうした霞ヶ関内部の仕事に加え、自治体での取組の進捗状況を管理し、必要とあればテコ入れをする役割を期待されています。支援団体や当事者から寄せられる要望や批判、報道機関の取材対応などの外向きの仕事もそこに加わるのです。

このほか、二〇一三年八月に引き下げられた保護基準に対して多数の審査請求が提起されており、今後、訴訟へと発展していくことが確実視されています。これも、基本的には保護課が対応していかなければなりません。

こうした諸々の業務の合間をぬうようにして、政策立案のバックボーンとなる各種の審議会を開催し、有識者の意見を聞き、報告書をまとめ、法律の制定に向けて動いていくのです。

私が現場のケースワーカーをしていたときには、漠然と、「厚生労働省には生活保護の神様のような人が何十人もいて、分厚い政策集団が形成されているのだろう」と考えていました。現場に下りてくる通知や会議資料は相当なボリュームで、とても数人の作業でできるものとは思えなかったからです。

事実は異なりました。

厚生労働省の担当課は細分化されており、一つの担当部署の係員は二人か三人くらいしかいません。生活保護に関していえば、指導監査のような人手のいる部署を除き、法令や政策立案、自立支援といった業務を担当するのは、すべてを足しても十数名ほどの体制です。しかも、頻繁に人事異動があり、生活保護の仕事はまったくの初めてという人が、中核的なポジションに座ることも珍しいことではありません。

## 実務を担う政策集団への投資の重要性

厚生労働省の担当者一人ひとりを見れば、皆、誠実で、飲み込みが早く、高い事務処理能力をもっています。本書で紹介した資料の多くも、厚生官僚が生活保護制度や新しい生活困窮者支援のしくみを対外的に説明するために、昼夜を分かたず作業を続け、積み上げてきた努力の結晶です。

それでも、適正化モデルからは「ほんとうに生活保護費の削減につながるのか」と疑問を投げかけられ、人権モデルからは「利用者の人権を守るつもりがあるのか」と突き上げられる。担当者一人の割合で見れば、一〇〇対一、いや背景にいる人を考えれば一〇〇〇対一、一万対一でも足りないでしょう。

いくら厚生労働省の職員が優秀でも、一人ひとりができることには限界があります。現場に出向く時間もなく、与えられた質問に対する答えを作成する日々では、どうしてもその回答は現場感覚から乖離し、実態にそぐわないものになるでしょう。

仮に事業予算を確保する目処がついたとしても、全国を見渡せば、調整に行き詰まる地域も出てきます。その際に、政策立案者である厚生労働省の担当者が直接出向き、事業の意義を説明し、他県の取組を紹介し、現場の担当者と一緒に頭を悩ませれば、その意気に感じて動き出す地域もたくさんあるはずです。

中長期的に見れば、実務を担う政策集団の存在には、一定の投資をしても十分なリターンを期待することができます。逆に、この部分への投資を渋れば、機能しないセーフティネットをまた一つつくりだすことになってしまうでしょう。

本書でご紹介したように、すでにいくつかの地域、いくつかの団体においては、新しい生活困窮者支援のしくみを先取りするようにして、現場の実践が進んでいます。こうした現場を知る人材を官民問わず幅広く集め、強い司令塔をつくり、現場を動かしていく。

批判や要望だけでは、厚生労働省はますます疲弊し、本来の機能を発揮することができなくなってしまいます。同時に、厚生労働省の取組を評価し、支えていくことが求められているのです。

## 生活保護制度設立の理念に立ち返る

本書もいよいよ終わりが近づいてきました。

最後に、なぜ生活保護制度、新しい生活困窮者支援のしくみが必要なのかを、改めて考えたいと思います。

財政・評価・体制のサイクルをつくり、政策を実現していく。日々の仕事のなかでそのことばかりを考えていると、ときどき、自分は何のために仕事をしているのかがわからなくなります。

そんなときに、折にふれて手に取るのが、『生活保護の解釈と運用』という本です。しっかりと読んだのは数年前のことですが、生活保護という制度をつくりあげた小山進次郎さんの言葉には、読むたびに新しい発見があります。

生活保護法の第一条では、「この法律は、日本国憲法第二十五条に規定する理念に基づき、国が生活に困窮するすべての国民に対し、その困窮の程度に応じ、必要な保護を行い、その最低限度の生活を保障するとともに、その自立を助長することを目的とする」と、設立の理念を謳《うた》いあげました。小山さんは、その著書のなかで「自立の助長」という言葉の意味を次のように語っています。

最低生活の保障と共に、自立の助長ということを目的の中に含めたのは、「人をして人たるに値する存在」たらしめるには単にその最低生活を維持させるということだけでは十分ではない。凡そ人はすべてその中に何らかの自主独立の意味において可能性を包蔵している。この内容的可能性を発見し、これを助長育成し、而して、その人をしてその能力に相応しい状態において社会生活に適応させることこそ、真実の意味において生存権を保障する所以である。社会保障の制度であると共に、社会福祉の制度である生活保護制度としては、当然此処迄を目的とすべきであるとする考えに出でるものである。従つて、兎角誤解され易いように惰民防止ということは、この制度がその目的に従つて最も効果的に運用された結果として起ることではあらうが、少くとも「自立の助長」という表現で第一義的に意図されている所ではない。自立の助長を目的に謳つた趣旨は、そのような調子の低いものではないのである。

（『改訂増補 生活保護法の解釈と運用（復刻版）』小山進次郎、全国社会福祉協議会、一九五

(〇年初版）

読みながら、大きな戦争が終わり、何もなくなった敗戦の空気のなかで、小山さんはどのような気持ちでこの文章を書いたのだろうと想像します。雨風をしのぐ家も十分ではなく、ひもじさに耐える人がたくさんいる。それを支える十分な体制もないなかで、いや、体制がないからこそ、貧困に苦しむ国民の力を信じ、日本の再生を望んだのではないでしょうか。

いま、日本の経済が曲がり角を迎え、人びとの多くが希望を失いかけていくなかで、いまよりももっとずっと厳しい時代に、高い志を掲げた人たちがいた。そのことは、ちっぽけな私にも勇気を与えてくれます。

私は、日本をどんな国にしたいのだろうと考えます。

仕事と一緒に住む家までも追われ、寒さに震える人がいるような国。力の強い人の言動に何もいえず、力のない人は、もっとひどいことが起きるのではないかと怯える国。そんな国は嫌です。不幸であることに甘んじ、こんなに不幸な私を、これ以上、苦しめるのかと不幸の競争をするような国も嫌です。

どんなに経済的に追い込まれても、命までは取られることがない。弱く、頼りない人間になったとしても、一人の人間として扱ってくれるような国がいい。そう思います。

困ったとき、助けがほしいときに、安心して相談できる場がほしい。上から目線で、ああしろ、こうしろというのではなく、私の意見を尊重して、「どうしたい」と聞いてくれる人がいてほしい。学校の授業にもついていけず、貧しくて塾にも行けない子どもがいれば、そっと寄り添って「私が教えてあげる」というお兄さん、お姉さんがいる社会がいい。失敗してやりなおそうと思ったときに、いつでも、何度でも、やりなおしができる、チャンスが与えられる社会であってほしい。

生活保護制度は、六十年という長い年月、多くの貧困に苦しむ人たちに安全と安心を保障してきました。たしかに、現場に矛盾はたくさんあるし、機能不全に陥っている部分もあります。それでも、多くの人が壊れた穴をふさぎ、破れた部分を繕いながら、生活保護が最後のセーフティネットとしての役割を果たしてきました。

その歴史を振り返るとき、公に携わる者の一人として、次世代にしっかりと設立の理念を引き継がなければという想いが湧いてきます。

新しい生活困窮者支援のしくみは、結果として、不届きな利用者を更生させ、自立に結びつけることもあるでしょう。

しかし、小山さんがいうように、貧困に苦しむ人たちの可能性を信じ、その人がもっとも輝くことができる場所を見つける手伝いをしていくことが、生活困窮者の支援に携わる私たちの使命（ミッション）です。

生活保護費の削減は、あくまで結果でしかない。

そのことを忘れてはならない。そう、私は思うのです。

# おわりに

港区白金台の明治学院大学で開かれた、生活保護利用者の自立支援をテーマにした研修会に参加したときのことです。関東近県の福祉事務所のケースワーカーや自立支援を担う民間団体の職員が一〇〇人ほど集まり、グループディスカッションを行いました。いくつかのテーマのうち、もっとも人気が高かったのは「子どもへの支援」。数年前の状況からすると、隔世の感があります。

二〇〇八年、初めての著書『生活保護vsワーキングプア』（PHP新書）を出版したときにもっとも訴えたかったのは、「生活保護が子どもたちを排除している」という現状でした。

貧困家庭に育ち、十分な教育の環境を与えられず、友人関係も築くことができず、孤立する子どもたち。ようやく社会に出ても、派遣やパート、アルバイトが精一杯で安定した職に就くこともできず、貧困から抜け出せない若者。親から子へ、子から孫へと引き継がれる「貧困の連鎖」。子どもたちや若者に背を向け、見ないふりをする生活保護行政。この負の連鎖をなんとか断ち切ることができないか。そんな思いから出版社の門を叩き、運よく出版にこぎつけることができました。

その後、「子どもの貧困」をテーマとした出版が相次ぎ、リーマンショック以後の貧困対策の議論の高まりもあって、行政でも生活保護世帯の子どもたちに目が向けられるようになります。各地で中学生の高校進学などを目的とした無料の学習教室が開かれるようになり、家庭訪問による親への子育て相談が始まりました。そうした取組のなかで、徐々に、貧困世帯の子どもたちの現状が明らかになっていきます。一般世帯に比べて高校進学率が低い。不登校率が高い。母子家庭が多く、しかも、母親が精神疾患を抱えているケースが珍しくない……。さまざまなデータが複数の不利を抱える子どもたちの姿を映し出しています。

しかし、研修会での議論の中心は、そうしたことではありませんでした。

「子どもたちは、ほんとうは力をもっているんですよね」

「やればやるほど、伸びていくんです」

「最初はひと言も話さなかった不登校の子が、少しずつ笑顔が出るようになって、第一志望の高校に合格できたんです」

まるでわが子のことのように、子どもたちのことを話す参加者。そして、何度も繰り返される「こちらも、元気をもらえる」という言葉。もっと、自分たちにできることはないか。子どもたちの力を引き出すための知恵を集めなければ。そう考える何人もの支援者に会うことができました。

いま、生活保護世帯の子どもたちに対する支援の取組は、全国九四自治体に及び、その数は、さらに増えつづけています。ひきこもりやニートの若者に対する職業訓練や中間的就労などの取組も、いくつかの先進自治体やＮＰＯなどが先導するかたちで、成功モデルといえるものが出はじめています。孤立し、生活に困窮する高齢者や障害者のために見守りの体制をつくろうという声も聞かれるようになりました。

ブラックボックスといわれ、行政職員以外は関わることがなかった生活保護の分野に、いまや多くの民間事業者やボランティアが参加するようになっています。数年前には考えられなかったことです。

水際作戦と不正受給とのあいだで、両極に揺れ動く世論。不安や不信を前提とした議論がある一方で、現場では静かに支援の芽が生まれ、広がりつつあります。

私は、こうした地道な実践を続け、それを広げることが、貧困問題を解決する近道だと考えています。制度は、しょせん制度でしかありません。そこで働く人びとが、自分の仕事に誇りをもち、やりがいをもって働いてもらうために、何ができるのか。自分の身に引きつけて考えつづける。それ以外に、私は、ほかの方法を知りません。

差別や偏見の多くは、「知らない」ということからきています。自分とは違う、特別な何か。それが、実際に接してみたら、自分が知っている中学生と何にも違いはなかった。失業して自宅にひきこもっている若者も、自分と同じような人間関係の悩みを抱えていた。そうした納得と共感を積み重ねていくことが、結局は多くの人が合意できる生活困窮者支援の在り方につながっていくと思うのです。

生活保護法の改正、生活困窮者自立支援法、そして、子どもの貧困対策法。本書では、これら「貧困対策三法」の背景と、法案の成立によって何が変わるのかをお話ししてきました。

最後にひと言だけ、新しい生活困窮者支援を進めていくにあたって、もっとも大切なものを伝えさせてください。

それは、続けていくことです。

貧困に苦しむ方の多くは、複数の深刻な課題を抱えています。それを解決できる魔法のステッキは、残念ながら存在しません。貧困に苦しむ人が必要としているのは、一人のスーパーマンではなく、貧困の苦しさを理解し、その悩みに寄り添い、支えていく「ふつうの人」の存在です。

支援の多くは何年も積み重ねることで、より高い効果を発揮することができます。

もちろん、それにはコストがかかります。それを支払うだけの寛容さと、見守る勇気があるかどうか。私たちの覚悟が試されているのです。

執筆にあたっては、多くの方にお世話になりました。PHP新書出版部の林知輝さんと浅田菜美子さんには丁寧かつ的確な助言をいただきました。

本書に盛り込んだ考えの多くは、日々の業務で揉《も》まれるなかで考えつづけてきたことです。インタビューにご協力いただいた方々だけでなく、生活困窮者支援に携わる団体や個人、そして当事者の皆さんの言葉には、何度も励まされました。紙面の都合で掲載できないものもありましたが、掲載させていただいた方々および掲載できなかった方々に厚く御礼を申し上げます。

最後に、本書の記述のうち意見に関わるものは、著者個人の見解であり、いかなる組織を代表するものではないことをお断りしておきます。

二〇一三年十一月

大山典宏

# 主要参考文献

## ●単行本


NHKスペシャル『ワーキングプア』取材班『ワーキングプア』ポプラ社、二〇〇七年
水島宏明『ネットカフェ難民と貧困ニッポン』日本テレビ放送網、二〇〇七年
小林多喜二『蟹工船 一九二八・三・一五』岩波文庫、二〇〇三年
NHK「無縁社会プロジェクト」取材班『無縁社会』文藝春秋、二〇一〇年
藤藪貴治・尾藤廣喜『生活保護「ヤミの北九州方式」を糾《ただ》す』あけび書房、二〇〇七年
厚生労働省社会・援護局保護課『生活保護手帳〈2012年度版〉』中央法規出版、二〇一二年
厚生労働省社会・援護局保護課『生活保護手帳 別冊問答集〈2012〉』中央法規出版、二〇一二年
厚生労働省社会・援護局保護課『生活保護関係法令通知集〈平成24年度版〉』中央法規出版、二〇一二年
日本弁護士連合会編『検証 日本の貧困と格差拡大』日本評論社、二〇〇七年
湯浅誠『反貧困』岩波新書、二〇〇八年
年越し派遣村実行委員会編『派遣村 国を動かした6日間』毎日新聞社、二〇〇九年
宇都宮健児・湯浅誠編『派遣村 何が問われているのか』岩波書店、二〇〇九年
湯浅誠・茂木健一郎『貧困についてとことん考えてみた』NHK出版新書、二〇一二年

ＮＨＫ取材班『生活保護３兆円の衝撃』宝島社、二〇一三年
片山さつき『福祉依存のインモラル』オークラＮＥＸＴ新書、二〇一二年
小山進次郎『改訂増補 生活保護法の解釈と運用（復刻版）』全国社会福祉協議会、二〇〇四年
五石敬路『現代の貧困　ワーキングプア』日本経済新聞出版社、二〇一一年
駒村康平ほか『最低所得保障』岩波書店、二〇一〇年
岩永理恵『生活保護は最低生活をどう構想したか』ミネルヴァ書房、二〇一一年
生活保護問題対策全国会議監修『生活保護「改革」ここが焦点だ！』あけび書房、二〇一一年
生活保護問題対策全国会議編『間違いだらけの生活保護バッシング』明石書店、二〇一二年
埋橋孝文編著『生活保護（福祉＋α）』ミネルヴァ書房、二〇一三年
岩田正美『現代の貧困』ちくま新書、二〇〇七年
浅井春男ほか編『子どもの貧困』明石書店、二〇〇八年
阿部彩『子どもの貧困』岩波新書、二〇〇八年
山野良一『子どもの最貧国・日本』光文社新書、二〇〇八年
子どもの貧困白書編集委員会編『子どもの貧困白書』明石書店、二〇〇九年
内閣府『子ども・若者白書〈平成25年版〉』印刷通販、二〇一三年
自殺実態解析プロジェクトチーム『自殺実態白書２００８〈第二版〉』二〇〇八年
釧路市福祉部生活福祉事務所編集委員会編『希望をもって生きる』全国コミュニティライフサポートセンター、二〇〇九年

本田良一『ルポ 生活保護』中公新書、二〇一〇年
埼玉県アスポート編集委員会編『生活保護200万人時代の処方箋』ぎょうせい、二〇一二年
道中隆『生活保護と日本型ワーキングプア』ミネルヴァ書房、二〇〇九年
厚生労働省『厚生労働白書〈平成22年版〉』日経印刷、二〇一〇年
大山典宏『生活保護 vs ワーキングプア』PHP新書、二〇〇八年

●一般雑誌
「パチンコ通報義務条例 兵庫県小野市に賛否殺到」『AERA』二〇一三年三月二十五日号
「年収五〇〇〇万円 超人気芸人『母に生活保護』仰天の言い分」『女性セブン』二〇一二年四月二十六日号

●報告書・声明など（厚生労働省を除く）
兵庫県弁護士会「小野市福祉給付適正化条例案に反対する会長声明」二〇一三年三月八日
国際連合 経済的、社会的及び文化的権利に関する委員会「日本に対する第3回定期報告書に関する総括所見」二〇一三年四月二十九日〜五月十七日、第五〇会期
日本弁護士連合会「Q&A 今、ニッポンの生活保護制度はどうなっているの?」二〇一二年六月
OECD Family database "Child poverty" 2012
株式会社社公共経営・社会戦略研究所「マイクロソフトコミュニティIT スキルプログラム『ITを

活用した若者就労支援プロジェクト』に係る評価調査報告書」二〇一一年九月
内閣府「若者の意識に関する調査（ひきこもりに関する実態調査）」二〇一〇年七月
北九州市「北九州市生活保護行政検証委員会最終報告書」二〇〇七年十二月
財務省主計局「財務省財政制度等審議会」資料、二〇一二年一〇月二十二日
内閣府「財政運営戦略」二〇一〇年六月二十二日閣議決定

## ●厚生労働省資料

「第二五回社会保障審議会」資料4－4　二〇一三年一月三十一日
「生活保護関係全国係長会議」二〇一三年五月二〇日
「社会保障審議会生活保護基準部会（第一回）」資料、二〇一一年四月十九日
「社会保障審議会生活保護基準部会（第二回）」資料、二〇一一年五月二十四日
「社会保障審議会児童部会ひとり親家庭の支援施策の在り方に関する専門委員会（第二回）」資料、二〇一三年六月七日
「平成23年度全国母子世帯等調査結果報告」二〇一二年九月七日
「社会保障審議会生活保護基準部会報告書」二〇一三年一月十八日
「生活保護受給者の社会的な居場所づくりと新しい公共に関する研究会報告書」二〇一〇年七月二十三日
「社会保障審議会生活保護制度の在り方に関する専門委員会報告書」二〇〇四年十二月十五日

「社会保障審議会生活困窮者の生活支援の在り方に関する特別部会報告書」二〇一三年一月二十五日
「全国厚生労働関係部局長会議(厚生分科会) 資料、二〇一三年二月十九日
「社会保障審議会生活保護基準部会(第四回)」資料、二〇十一年七月十二日
「全国知事会社会保障常任委員会」配付資料、二〇一三年四月二十二日
ナショナルミニマム研究会「貧困・格差に起因する経済的損失の推計」作業チーム「貧困層に対する積極的就労支援対策の効果の推計」二〇一〇年六月
「ナショナルミニマム研究会中間報告書」二〇一〇年六月

●Web資料

世耕弘成「世耕日記」二〇一二年五月十六、十七日
http://blog.goo.ne.jp/newseko/d/20120516
http://blog.goo.ne.jp/newseko/d/20120517(二〇一三年十月二十八日確認)
権丈善一「勿凝学問237 いま流行りの給付付き税額控除とスピーナムランド制度というまずい政策」二〇〇九年六月十八日
http://news.fbc.keio.ac.jp/~kenjoh/work/korunakare237.pdf(二〇一三年十月二十八日確認)

## 大山典宏［おおやま・のりひろ］

1974年埼玉県生まれ。社会福祉士。立命館大学大学院政策科学研究科修了。志木市福祉事務所の生活保護ケースワーカー、所沢児童相談所の児童福祉司などを経て、2008年から埼玉県福祉部社会福祉課で生活保護受給者の自立支援を担当。2010年から携わった「生活保護受給者チャレンジ支援事業（愛称：アスポート）」では、2年間で8,000人を支援、4,000人を自立に導く。ボランティアでウェブサイト「生活保護110番」を運営。同サイトでは、15年間でのべ6,000人の相談を受けるなど、生活保護の専門家として幅広い活動を続けている。
著書に『生活保護vsワーキングプア』（PHP新書）、『生活保護200万人時代の処方箋』（共著、ぎょうせい）など。

ウェブサイト「生活保護110番」
http://www.seiho110.org/

---

# 生活保護vs子どもの貧困

PHP新書 897

二〇一三年十二月二日　第一版第一刷

| | |
|---|---|
| 著者 | 大山典宏 |
| 発行者 | 小林成彦 |
| 発行所 | 株式会社PHP研究所 |
| 東京本部 | 〒102-8331 千代田区一番町21<br>新書出版部 ☎03-3239-6298（編集）<br>普及一部 ☎03-3239-6233（販売） |
| 京都本部 | 〒601-8411 京都市南区西九条北ノ内町11 |
| 組版 | 有限会社エヴリ・シンク |
| 装幀者 | 芦澤泰偉＋児崎雅淑 |
| 印刷所<br>製本所 | 図書印刷株式会社 |

© Oyama Norihiro 2013 Printed in Japan
ISBN978-4-569-81545-9

落丁・乱丁本の場合は弊社制作管理部（☎03-3239-6226）へご連絡下さい。送料弊社負担にてお取り替えいたします。

# ＰＨＰ新書刊行にあたって

「繁栄を通じて平和と幸福を」(PEACE and HAPPINESS through PROSPERITY)の願いのもと、ＰＨＰ研究所が創設されて今年で五十周年を迎えます。その歩みは、日本人が先の戦争を乗り越え、並々ならぬ努力を続けて、今日の繁栄を築き上げてきた軌跡に重なります。

しかし、平和で豊かな生活を手にした現在、多くの日本人は、自分が何のために生きているのか、どのように生きていきたいのかを、見失いつつあるように思われます。そして、その間にも、日本国内や世界のみならず地球規模での大きな変化が日々生起し、解決すべき問題となって私たちのもとに押し寄せてきます。

このような時代に人生の確かな価値を見出し、生きる喜びに満ちあふれた社会を実現するために、いま何が求められているのでしょうか。それは、先達が培ってきた知恵を紡ぎ直すこと、その上で自分たち一人一人がおかれた現実と進むべき未来について丹念に考えていくこと以外にはありません。

その営みは、単なる知識に終わらない深い思索へ、そしてよく生きるための哲学への旅でもあります。弊所が創設五十周年を迎えましたのを機に、ＰＨＰ新書を創刊し、この新たな旅を読者と共に歩んでいきたいと思っています。多くの読者の共感と支援を心よりお願いいたします。

一九九六年十月

ＰＨＰ研究所

## PHP新書

### [社会・教育]

324 わが子を名門小学校に入れる法　清水克彦／和田秀樹
335 NPOという生き方　島田　恒
380 貧乏クジ世代　香山リカ
389 効果10倍の〈教える〉技術　吉田新一郎
396 われら戦後世代の「坂の上の雲」　寺島実郎
418 女性の品格　坂東眞理子
495 親の品格　坂東眞理子
504 生活保護vsワーキングプア　大山典宏
515 バカ親、バカ教師にもほどがある　藤原和博／[聞き手]川端裕人
522 プロ法律家のクレーマー対応術　横山雅文
537 ネットいじめ　荻上チキ
546 本質を見抜く力——環境・食料・エネルギー　養老孟司／竹村公太郎
558 若者が3年で辞めない会社の法則　本田有明
561 日本人はなぜ環境問題にだまされるのか　武田邦彦
569 高齢者医療難民　吉岡　充／村上正泰
570 地球の目線　竹村真一
577 読まない力　養老孟司
586 理系バカと文系バカ　竹内　薫[著]／嵯峨野功一[構成]
599 共感する脳　有田秀穂
601 オバマのすごさ　やるべきことは全てやる！　岸本裕紀子
602 「勉強しろ」と言わずに子供を勉強させる法　小林公夫
618 世界一幸福な国デンマークの暮らし方　千葉忠夫
621 コミュニケーション力を引き出す　平田オリザ／蓮行
629 テレビは見てはいけない　苫米地英人
632 あの演説はなぜ人を動かしたのか　川上徹也
633 医療崩壊の真犯人　村上正泰
637 海の色が語る地球環境　功刀正行
641 マグネシウム文明論　矢部　孝／山路達也
642 数字のウソを見破る　中原英臣／佐川　峻
648 7割は課長にさえなれません　城　繁幸
651 平気で冤罪をつくる人たち　井上　薫
652 〈就活〉廃止論　佐藤孝治
654 わが子を算数・数学のできる子にする方法　小出順一
661 友だち不信社会　山脇由貴子
675 中学受験に合格する子の親がしていること　小林公夫
678 世代間格差ってなんだ　城　繁幸／小黒一正／高橋亮平
681 スウェーデンはなぜ強いのか　北岡孝義

687 生み出す力　西澤潤一
692 女性の幸福［仕事編］　坂東眞理子
693 29歳でクビになる人、残る人　菊原智明
694 就活のしきたり　石渡嶺司
706 日本はスウェーデンになるべきか　高岡　望
720 格差と貧困のないデンマーク　千葉忠夫
739 20代からはじめる社会貢献　小暮真久
741 本物の医師になれる人、なれない人　小林公夫
751 日本人として読んでおきたい保守の名著　潮　匡人
753 日本人の心はなぜ強かったのか　齋藤　孝
764 地産地消のエネルギー革命　黒岩祐治
766 やすらかな死を迎えるためにしておくべきこと　大野竜三
769 学者になるか、起業家になるか　城戸淳二／坂本桂一
780 幸せな小国オランダの智慧　紺野　登
783 原発「危険神話」の崩壊　池田信夫
786 新聞・テレビはなぜ平気で「ウソ」をつくのか　上杉　隆
789 「勉強しろ」と言わずに子供を勉強させる言葉　小林公夫
792 「日本」を捨てよ　苫米地英人
798 日本人の美徳を育てた「修身」の教科書　金谷俊一郎
816 なぜ風が吹くと電車は止まるのか　梅原　淳
817 迷い婚と悟り婚　島田雅彦
818 若者、バカ者、よそ者　真壁昭夫
819 日本のリアル　養老孟司
823 となりの闇社会　一橋文哉
828 ハッカーの手口　岡嶋裕史
829 頼れない国でどう生きようか　加藤嘉一／古市憲寿
830 感情労働シンドローム　岸本裕紀子
831 原発難民　烏賀陽弘道
832 スポーツの世界は学歴社会　橘木俊詔／齋藤隆志
839 50歳からの孤独と結婚　金澤　匠
840 日本の怖い数字　佐藤　拓
847 子どもの問題　いかに解決するか　岡田尊司／魚住絹代
854 女子校力　杉浦由美子
857 大津中2いじめ自殺　共同通信大阪社会部
858 中学受験に失敗しない　高濱正伸
866 40歳以上はもういらない　田原総一朗
869 若者の取扱説明書　齋藤　孝
870 しなやかな仕事術　林　文子
872 この国はなぜ被害者を守らないのか　川田龍平
875 コンクリート崩壊　溝渕利明
879 原発の正しい「やめさせ方」　石川和男
883 子供のための苦手科目克服法　小林公夫
888 日本人はいつ日本が好きになったのか　竹田恒泰